华为ToC销售法
IPMS爆品打造体系

胡宇晨 ———— 著

浙江大学出版社
·杭州·

前言

Preface

大部分商业性质的企业发展可能会经历这样一个过程，企业选择进入某一个行业赛道，刚开始该赛道处于蓝海市场，随着深入发展，市场空间不断增大，企业也随之不断发展；但这个行业发展到一定阶段后，进入该赛道的企业多了，该赛道的市场逐渐变得饱和，变成了红海市场，竞争越来越激烈，产品同质化严重。往往这个时候会出现行业洗牌的现象，之前进入该赛道的企业稍有不慎可能就会被市场淘汰。

有大部分企业被淘汰或许不是产品或者服务本身的问题，而是企业的经营管理问题，包括对市场领域的经营管理，这里所指的"市场"是大市场的概念，包括品牌打造、传播、销售、服务等。

有些企业在早期进入赛道时，为了快速扩张，增加市场份额，一味追求市场发展，不太注重企业内部的能力构建。快速扩张后，可能因为内部能力没有跟上，最终败下阵来，这种现象在许多新兴的行业中很常见。因此，企业在快速扩张的同时，也要注重内部能力体系的构建，确保有足够的内力支撑业务的快速发展。

基于买卖双方的话语权分量差异，可以将市场分为卖方市场和买方市场。在卖方市场中，卖方主导和控制着整个市场的产品和服务的供应、销售价格等，在市场中处于垄断地位；买方可选择的机会少，拥有的博弈的话语权也很低。这是资源相对短缺情况下的市场。比如在过去，传统的企业产品为王、渠道为王时代就以卖方市场为主。买方市场是以自由市场交易为主，市场竞争相对比较激烈，买方有更多的选择自主权，市场走向了以品牌、价值、价值共创为导向的时代。在当今的社会中，大部分赛道都属于买方市场。当然，也有一部分企业所在的赛道因为存在技术等多方面的壁垒，还属于卖方市场。有些企业刚开始进入赛道的时候几乎处于卖方市场，发展到后来变成了买方市场，最终因为企业自身的经营能力没有跟上，失去了市场竞争力。

一个处于买方市场的企业要健康持续地发展，就需要有能够满足买方的产品或服务；同时，还要有足够的市场作战能力去攻占市场。通俗地讲，就是既要有好的"枪"和"炮"，还要有好的战士和排兵布阵的方法，即有懂的人和更好的方法，也称为"作战能力体系"。

随着经济的发展和市场的不断扩大，企业间的竞争日益激烈。在这样的背景下，构建一套科学、有效的市场作战能力体系对于企业的健康可持续发展至关重要。那么什么样的市场作战能力体系是好的呢？什么样的体系适合自己的企业呢？本书为读者提供了可借鉴和参考的内容，深入解码业界优秀企业的市场作战能力体系，帮助读者全面认知和了解业界优秀企业是如何构建以及运行市场作战能力体系的，并从中获得启发。

本书主要围绕业界优秀企业的产品操盘作战能力体系展开解读，从业务底层设计逻辑、作战方法和内容、作战队伍、作战保障机制等方面进行深入探讨，"立体化"地解码一个广泛应用于业界各行业企业的市场作战能力体系，即集成产品营销服（Integrated Product Marketing and Sales & Service，IPMS）作战体系。

其主要内容包括：第一，业界企业的 IPMS 变革之路。比如，业界企业在发展初期所面临的困难及如何转型，解读其如何找到解决问题之道等，以及深入剖析 IPMS 的设计逻辑，让读者能够更好和更清晰地理解业界企业的底层业务设计逻辑。第二，业界企业 IPMS 的产品端到端的操盘内容，包含上市操盘和生命周期操盘，比如核心的作战步骤及作战目标、策略、方案等，并将作战步骤分阶段详细讲解，解读作战过程中各业务模块如何开展工作以及明确工作的交付输出；同时，还结合实际案例分享相关的专业方法和工具等的运用，让读者能够更好地理解整个作战体系的内容和实际运用。第三，业界企业 IPMS 的作战队伍，包含团队的构成以及核心角色认知，比如产品进入市场（Go-to-Market，GTM）、市场营销（Marketing，MKT）等，让读者能够更加清楚地了解作战团队成员的分工；同时，还对团队建设与管理、业务能力建设等方面做了深入解读，让读者更好地了解如何构建专业作战队伍。第四，业界企业 IPMS 的运营保障机制，包括数字化运营体系、考核与激励机制、决策机制等，让读者了解业界企业是如何构建保障机制使IPMS作战体系能够顺利和成功运行的。它们就如同战场的后勤保障机制，如果没有这些基础保障，企业的战斗力将备受考验和打击，打胜仗的概率也可能大大降低。

这套作战体系不仅能够提升企业在市场领域的作战能力，包括提升企业的品牌力、渠道力，还能提升企业的产品和服务，提升产品竞争力，等等。它是一个以"战区主战、军种主建"为核心理念的业务作战能力体系。本书重点讲述了"战区主战"的内容，同时阐述了"军种主建"的核心"军种"建设，并通过丰富的案例和实践经验，深入探讨企业市场作战能力体系的构建、执行、管理等方面内容，帮助读者解决在实际操作中遇到的问题。

这套体系已经在多家行业头部企业成功实践验证，目前已经为消费电子、家电、汽车、家居等多个行业学习和参考借鉴。当然，各个企业在引入这套体系的过程中，也需要结合自身的情况做适当的调整，使之更加适合企业自身状况，更好地融入企业，成为企业自有的力量。广大读者若有疑惑或有不同的观点和看法，欢迎大家来咨询和探讨。

希望本书能够为您和企业的发展提供借鉴和参考，能够帮助读者在实际操作中更好地运用市场作战能力体系充分发挥自身潜能，为企业创造更大的价值；同时助力企业构筑自己的硬核实力，助力企业增长，使企业成为卓越的行业引领者。

胡宇晨

2024年2月

目录
Contents

第 1 章 IPMS 基本概述

第一节　IPMS 的兴起　/004

第二节　IPMS 的设计逻辑　/019

第三节　IPMS 的认知误区　/035

第 2 章 IPMS 之产品上市操盘

第一节　产品的需求与定位　/055

第二节　产品操盘方案　/069

第三节　产品操盘方案实施　/089

第3章 IPMS之生命周期操盘

第一节 做好上市,引爆首销 /104

第二节 稳定销售期的精细化运营与管理 /115

第三节 稳定销售期的营销推广 /128

第四节 产品退市 /147

第4章 IPMS之作战队伍

第一节 团队组建 /157

第二节 团队管理 /171

第三节 业务能力建设 /183

第5章 IPMS之运营保障

第一节 数字化运营体系 /196

第二节 考核与激励机制 /207

第三节 评审与决策机制 /221

后记 /229

—— 第1章

IPMS基本概述

IPMS指的是一套覆盖MKT（MKT在本文中指代狭义的营销，指的是品牌与传播的职能领域）、销售和服务等业务的经营与作战管理体系。对于当今中国的许多企业和人来说，IPMS或许还是一个陌生的词，当然，也有一些企业已经构建起了IPMS体系并运行良好。本章将为你讲述IPMS的来龙去脉和价值，了解其在业界企业业务中所代表的含义和本质。

第一节　IPMS的兴起

谈到IPMS的兴起,不得不先从华为终端公司说起,它成立于2003年,提供的主要产品有早期的小灵通,以及后来的CDMA手机、无线固定台、WCDMA手机(3G)、无线路由器、无线数据卡等无线终端设备。在这一时期,华为终端公司的主要业务模式是运营商定制、运营商贴牌等。在这一时期,有无数的手机厂家相继倒下。

直到智能手机时代到来,华为终端公司才意识到新的市场机会来了,但是需要改变自身传统的业务模式。因此,从2010年开始,华为终端公司决定逐渐转向自主品牌的终端设备研发、生产和销售,从传统的面向企业(to Business,ToB)业务逐步转向ToB和面向消费者(to Customer,ToC)业务共存的商业模式。其主要目的有两个方面:第一是为了面向不断发展的公开市场推出自主品牌;第二是需要继续扩大原有运营商业务的优势,同时,从传统的运营商定制和贴牌的模式,逐步走向以自主品牌为主向运营商销售的模式。另外,华为高层也对终端业务进行了重新定位,明确了华为终端公司在手机终端领域做到全球第一的长远目标，将华为终端与运营商业务、企业网并列成为公司三大核心业务，并对终端业务方向做出以下三个调整：在产品上，从低端手机转向高端手机；在品牌上，从无品牌转向自主品牌；在目标人群上，从运营商转向消费者。

正是这种商业模式的变革给华为终端公司带来了生机，但是也带来了巨大的挑战。

终端战略转型与困境

华为终端公司从转型开始就把发展战略定位在做高端手机上。通过对2010年通信和手机市场的研究，华为终端公司发现，智能手机时代即将到来，同时4G网络也将兴起，认为这是手机市场发展的一个重要趋势；另外，通过调查研究，华为终端公司发现，当时国外品牌的系列产品都越做越薄，公司想要跟随高端产品的主流，应想尽一切方法把产品做得更薄更极致。于是在2012年1月，华为终端公司发布了一款华为Ascend P1（后文简称P1）手机。这款手机的机身厚度仅为7.69毫米，当时发布的市场售价是2999元。但是，P1除了薄，在消费者关注的其他特性上都不尽如人意，而且差不多几个月后，其他厂商推出了更薄的手机，以6.55毫米的厚度在这一性能上超过了P1。多种因素导致P1全球年销售量未超过100万台。相比于华为终端过去的运营商定制机的销量，相比于同期某外国品牌A的S3在上市5个月左右全球销量突破3000万台，以及相比于某外国品牌B的i5在3个月左右销量达到2500多万台，Ascend P1的销量都相距甚远。

此后，华为终端公司又于2012年年初推出了比P系列定位更加高端的Ascend D系列产品。然而，该系列手机采用的芯片还不是非常完善，导致手机出现了发热等一些影响用户体验的问题。当时正是互联网开始兴盛的时候，许多用户都在网络上给予了负面评价。这也导致后来新出的D2等产品虽然在硬件配置上已经是顶配，甚至超过了其他一些头部品牌，并且价格也比其便宜一两千元，但是市场表现仍然不佳。另外，华为终端公司的高端手机闯入了比拼硬件的赛道，但由于缺乏高端品牌形象支撑，并且实行较高的价格策略，消费者并不买账。华为终端公司的高端手机有出师不利的倾向，加上公司砍掉了许多低端手机和部分运营商定制机，导致一些客户中止了和华为手机业务的合作，华为终端公司在起初那几年非常难过，高层也面临内外部的各种压力。

华为终端公司在当时除了高端手机不太完善，还面临着一系列困难和挑战。比如：

（1）**市场领域，在产品上市及销售操盘中没有统一的责任主体，协同缺失，以及缺乏端到端的管理**（**市场领域是GTM、MKT、渠道、零售、服务等职能模块的统称**）。首先，产品上市及销售操盘缺乏责任主体。产品在上市前及上市后，因为没有统一的责任主体，市场领域的行销、MKT、渠道、零售、服务等职能部门根据自己的绩效目标制订工作计划和实施工作，最终对产品销售效果缺乏统一衡量标准；产品销售结果出现问题时，也不知道该找谁来作为第一责任人承接主要职责和推动问题解决，最终大家只能吃大锅饭。这种现象也导致了尽管有些部门的指标达成了，但公司业绩还是很难提升。

其次，缺乏有效的协同。正如前面所说，市场领域各职能部门各自为政，没有"力出一孔"。各职能部门的计划没有协同，时间节奏不一致，导致产品已经开卖了，很多资料还没有准备好；或者营销宣传已经开始了，货还没有准备到位等各种问题的发生，产品上市效果差。

再次，缺乏端到端的管理。产品在规划立项时，市场领域相关部门几乎很少参与；到了产品准备上市时，市场领域的各个部门才开始做相关工作；等到产品上市销售后，几乎没有人管理产品的销售，对产品是否卖得好、如何卖得更好都缺乏管理，最终导致产品销售业绩差。产品规划与立项、上市准备、生命周期销售、退市等各个阶段都是孤立的。

最后，除了以上所提到的各职能部门之间的协同，还有总部和各个国家或地区或省等一线的协同，比如总部与一线的目标不一致，以及对于总部制定的相关策略一线不执行，或者总部的资源投入与一线的需求不匹配，等等。

（2）对产品上市节奏把控不足，研发和市场脱节，导致错过最佳销售时机等。 由于华为终端过去主要是基于运营商的节奏开发和上市产品，所有产品的开发节奏、销售节奏几乎都是为匹配运营商的节奏而设定的，没有完全基于公开市场去做一些设计，因此，华为终端在早期开始做公开市场的时候，对手机产品的上市节奏把控就明显不足，缺乏ToC思维。之前按照运营商的开发节奏，只要产品能够跟上运营商招投标和选型的相应时间点即可，但是面向普通消费者发布产品可不一样。

P1在发布时，投入了各种营销资源，但其上市时间却被推迟了半年多，也就是发布后很长一段时间消费者才能买到货。等真正有货销售的时候，早已错过宣传时机和消费者的关注。况且别说可能会有新的竞争品出现，就算没有，消费者的购买意愿也会降低，这就导致销售结果受到严重影响。并且在P1上市后不久，华为终端还推出了另外一款旗舰产品D1。本来P1就没有推好，又推出一个新的更高端的产品，再加上产品本身不是很完善，以及市场推广资源极其短缺，在这种情况下，要一下子推好两款旗舰产品，对于一个不成熟的团队来说非常具有挑战。尽管产品的不成功很大原因在于本身，但是这也充分说明了研发和市场的严重脱节。类似这样的问题在友商看来就像闹剧。

（3）华为终端品牌影响力低，消费者对国产手机兴趣低。长期以来的ToB商业模式给华为终端公司在ToC转型时带来了障碍，特别是在品牌层面，这种障碍主要体现在两个方面。

首先，产品低端带给消费者的品牌印象不好。华为手机初期走的是机海战术的定制机模式，生产了很多低端手机。同时，华为手机是国产机型，过去国产手机给消费者的整体品牌印象一直停留在是运营商充值送的手机，对其形象认知是质量好、性价比高但不美观、科技含量低、不高端等，这种情况让华为手机的品牌在往中高端形象转变的过程中举步维艰，要改变消费者对品牌的认知等更是难上加难。

其次，华为终端团队的思维模式还停留在商对商（Business to Business，B2B），这也成为华为终端公司ToC品牌形象建立的障碍。早期华为终端公司所熟悉的商业模式是根据运营商提出的需求生产产品，在满足质量要求的前提下尽量控制成本，造出尽可能低价的产品。正是因为这些产品大多是为运营商定制的，因此大都没有打上华为的标志，而是直接以运营商的品牌出售。这种其实是B2B的销售模式，因为购买方是运营商，华为终端公司主要对运营商的需求负责。对华为终端公司来说，"竭尽所能满足客户需求"理所当然，这是华为的基因和强项之一，也是华为与运营商打交道所积累的经验。长此以往，华为终端公司也构建了一套品牌思维体系——"B2B品牌思维"，主要是让运营商认可其产品质量。正是这种思维导致华为终端公司缺乏构建"ToC品牌形象"的意识。

例如，华为在真正走向商对用户（Business to Consumer，B2C）模式之前，其实相当低调，高管很少接受媒体采访。但是当一个品牌需要直接面向消费者时，低调其实不一定是好事，甚至在一定程度上还会成为和消费者沟通的障碍；相反，当时北方的某友商，其高管就相当高调，这在某种程度上对其品牌的影响力建设是有正向作用的，大幅提升了消费者其品牌的认知度。当然，在过去服务运营商的商业环境下，B2B的品牌思维模式或许没有错；但是随着市场的变化，这种模式似乎不能适应新市场，不能满足业务发展的需求。这也成为华为终端公司后来走向B2C模式和建立自己品牌道路上的一个障碍。

因此，当华为终端公司开始在手机终端业务发力时，如何从一个ToB品牌转为广大消费者所喜爱的ToC品牌，成为华为终端团队所面临的最大挑战之一。

（4）**华为终端公司的公开渠道建设十分薄弱，难以满足面向公开市场销售的需求**。华为终端公司以往都习惯于与运营商渠道进行捆绑销售，所以很大程度上更注重运营商的渠道建设，到了向公开市场转型阶段，公开渠道几乎从零开始，缺乏所谓的国代、省代等代理，对渠道的政策了解等更是缺乏。经过多方面的学习，特别是向各个友商的学习，华为终端公司逐步建立了一些规则，但没有系统化和体系化。

公开渠道的市场规则体系不健全，比如产品分货及价格规则不明确，渠道利润空间分配不均匀，等等，导致出现产品窜货等扰乱市场秩序的行为，最终影响了产品的销售。比如当时华为终端公司零售渠道的利润大概是销售收入点位的百分之十几，在行业内除了个别品牌在10%以内，其他大部分品牌在30%左右。华为终端公司的渠道利润空间相对较小，产品品牌力不行，当产品销售出现严重下滑的情况时，就会引起零售经销商的抱怨。并且经销商会出于自己的利益考量，快速处理掉在售的产品，这可能导致市场出现销售危机，扰乱市场秩序。曾经的某款华为D系列产品由于产品滞销，有些商家擅自降价，结果影响了市场价格体系的稳定，扰乱了市场秩序，最终影响了产品的销售。

（5）**华为终端公司在要货预测和货源管控上经验不足，导致产品上市效果受到较大影响**。以往华为终端公司基本上都是根据运营商的订单备货的，因此缺乏面向公开市场要货预测的基础能力和规则等。比如在P1销售稍微有起色需要进一步增产时，友商S出于竞争考虑，突然中断了P1的屏幕供货，最终导致P1销售业绩不好，这也是P1没有卖好的一个重要原因。这次事件背后有几个方面的原因，包括预测规则不健全、产销协同不足，以及供应商储备不足，等等。在这之后，公司吸取了教训，选择与多家供应商合作,并且与一些供应商深度合作开发零部件,以抵御断货等带来的巨大风险。同时,还要构建产销协同机制,以及完善的市场预测规则和能力体系。

对于一个从ToB转向ToC的企业来说,这些都是需要经历的,其中的损失也是需要交的"学费"。正是这些难得的实战经历,让华为终端公司更加明白自己需要构建什么样的能力体系,何种体系才能够满足业务发展需求,这也为后来的变革奠定了基础。

困境解决之道

华为终端公司在2010年开始转型,到2012年期间出现了许多问题,主要可以归结为这几个方面:产品用上了顶级硬件,但消费者却不认可;产品定价高,品牌溢价难以实现;公开渠道能力不足,产品分销不好;内部协同不好,节奏控制混乱,能力不足,销售效果不好。种种问题都让华为终端公司走得相当艰难。在经历了无数挫折后,华为终端团队不断复盘和分析问题,找出根本原因,解决核心问题。因此,在2012年下半年,华为终端公司进行了重大战略调整,当时的战略决议是坚持高端之路不动摇,同时适当降低售价，等待时机成熟再将产品推向市场，并且在业务变革上做了重大部署。

首先，在产品开发领域，华为有集成产品开发（Integrated Product Development，IPD）这一套产品开发流程，这是华为在1999年从IBM引入的流程，主要面向B2B的产品。对于B2C的产品，原有的IPD还是过于冗长，需要结合终端产品特色进行优化和调整。

其次，在产品供应方面，华为也有集成供应链（Integrated Supply Chain，ISC）体系支撑，这套流程体系也可以从华为集团直接调用，并在此基础上结合终端的特性进行优化和调整。

再次，在市场领域，华为也有一些流程支撑，比如市场产品计划流程（Market Product Planning，MPP），但主要适应于B2B模式，以及面向传统的基站和无线产品构建。公司调整战略后，从"白牌运营商定制"向"自有品牌"转型，并从低端向中高端智能终端转型，开启了电商渠道、线下公开渠道、运营商渠道等多渠道、多品类并存的销售模式，这也导致华为终端市场体系的业务流程和能力不健全的问题更为突出，正如前文所提到的责任主体缺失、协同不足、端到端管理缺乏等。除此之外,还有决策机制不完善等问题,公司内部缺乏产品上市操盘分层分级决策机制,决策链条长、决策慢、效率低,等等。这些问题都是MPP业务流程体系难以解决的,都需要公司通过变革实现系统性解决。因此,公司亟须构建一套新的市场体系作战流程,来满足和支撑ToC业务发展需求。

最终,公司通过各种努力,寻遍各行各业,对快消品行业、家电行业、PC行业、手机行业等进行了多方面的分析和比较研究,发现市场上手机行业中友商的产品上市运作模式比较适合华为终端公司。2012年,公司由市场领域牵头引入了名为"GTM"(其实也就是IPMS 1.0)的产品上市运作模式,包括产品上市流程体系建设,营与销的协同,上市节奏协同,等等。

引入的这一体系,在2013年6月发布的P6产品上市操盘中进行了试点,解决了过去所存在的几个核心问题,主要表现在:

(1)解决了部分内部协同问题,主要是市场领域内部MKT和行销的协同,计划和内容的相互协同,形成了统一的合力,提升了产品的市场推广效果。

（2）解决了责任主体问题，产品行销岗位人员作为第一责任人（该岗位名称后来改成"GTM"），对产品上市操盘项目进行端到端的管理，保障了产品上市的成功和生命周期的销售成功。

（3）解决了部分研发与市场领域之间的协同问题，使产品的开发节奏与市场的销售节奏协同一致。锁定产品的开发节奏，可以提前做好市场销售节奏的部署，大幅提升了营销和销售效率。

这一体系的试点使华为P6最终取得了非常好的市场效果，华为P6第一次实现"营"和"销"的有机结合，是华为终端公司第一款销售量超过百万台的中高端级别手机，也是内部定义的旗舰机型。这款手机主打拍照功用，特别是美颜自拍功能，获得了大量消费者的认可，成为手机中的"自拍神器"。P6最终销量突破400万台，对于当时的华为手机来说是非常值得庆祝的事情，这一场战役也让华为手机实现了华丽转身。此时，华为终端公司在研发领域有IPD，在供应链领域有ISC，在市场领域引入了GTM，这三者在各自的专业领域发挥着巨大作用，它们相互协同，最终保证了终端业务平稳快速发展。

华为终端公司乘胜追击，在2014年抓住机遇，分别于上半年推出了P7、下半年推出Mate7两款劲爆产品。P6、P7、Mate7三款产品使华为终端手机在中高端手机市场站住了脚,但离真正的高端手机形象还有很大的差距。华为终端公司此时也意识到,高配置加上高价位并不等于高端,苹果手机的各种配置在行业内不完全是最高的,并且很多性能也不如别的友商,但这并不妨碍它成为消费者心中最具科技感、最高端的手机,华为终端公司还需要不断地努力和强化各方面的能力,提升高端市场的品牌影响力和份额。到了2015年,华为终端公司开始进行新的变革和升级,优化GTM流程体系,升级为IPMS,并在2016年及之后的产品项目中推行。这也为华为终端公司步入快速发展阶段、冲向高端手机市场构建了强大的内部能力体系,为后来的快速发展奠定了坚实的基础。IPMS的发展历程如图1-1所示。

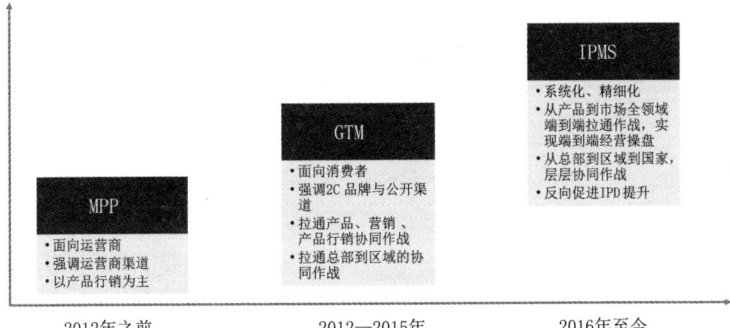

图1-1 IPMS发展历程

如果说引入"GTM作战模式"是使企业从过去的"分散式"作战到"体系化"作战模式的转变，那么从GTM升级为IPMS，则是从体系化向精细化和全面化运作的转变，真正实现产品全生命周期"全渠道""端到端"的操盘作战模式。

这种集成了研发、营销、销售、服务等多领域协同，把产品推向市场的理念，从消费电子行业兴起，并在各类企业的实践中得到不断的优化和充实，对企业提效增益起到很大作用。这也是业界各行各业积极学习和导入这种理念的重要原因。接下来的章节，笔者将结合自己的经历以及所见所闻，给读者解读这一理念的内容。

第二节　IPMS的设计逻辑

传统的制造类企业，主要指那种包含了研发、制造、销售等业务的企业，除了财经[①]、人事、法务、后勤等支撑体系，其最主要的三大业务体系就是产品和开发、供应链、市场（含营、销、服），也被称为"企业经营业务铁三角"。这三个业务体系分别解决不同专业领域的问题，起到不同的作用，它们最终都有一个共同目标，就是实现用户价值的交付，获得用户的满意。产品和开发实现了产品需求的设计转化；供应链实现了图纸到实物的转化，以及实物的交付；而市场则实现了从用户需求到产品需求的转化，以及产品价值和服务价值的增益和价值交付。

实现用户价值的交付是一个企业的使命，在交付后有盈利，是一个企业商业成功的重要标志。企业想要持续存在，就需要持久性的商业成功。换而言之，任何一家企业，无论大小，其之所以存在，是因为能够持续为其顾客提供有价值的产品或服务，也称为"产品或服务的商业成功"。

[①] 传统财务一般包含出纳、会计等，而此处的财经还包括业务经营分析及业务预算管理等职能。

产品的商业成功是企业成功的基石,对于企业的长久基业具有非常重要的意义。那么如何才能实现产品的商业成功呢?

产品的商业成功是"产品成功"和"市场成功"的共同结果,缺一不可,它们相互作用、相辅相成。

在企业的运作中,产品成功的第一责任方是研发体系,市场成功的第一责任方是市场体系(这里的市场是大市场的概念,包括营、销、服等模块),当然还有供应链体系也是产品成功和市场成功的支撑保障体系。

产品成功可分为两点:产品竞争力的成功、交付能力的成功。产品竞争力的成功是指产品的功能、性能等满足或超越了顾客的需求,比如硬件性能、软件操作体验、操作系统体验、用户体验(User Experience,UX)、视觉体验等方面的成功。而产品交付能力的成功则是指成本把握、交付及时性等的成功。产品成功的背后涉及众多业务职能模块,比如芯片开发、结构件开发、天线开发、影像系统开发、用户界面开发等。

那么如何保证不同模块协同开发,产品顺利完成交付呢?当前,很多企业都引进了IPD流程来保障各个领域的协同开发和交付,确保产品成功。IPD是以"PDT(Product Develop Team,产品开发团队)代表"为中心的端到端产品开发管理体系。IPD流程是产品开发的主业务流;PDT代表作为产品项目经理,统筹项目团队成员(如负责硬件、软件、结构、系统等模块)围绕IPD的各个阶段按照职责分工开展工作,最后保证产品按时保质完成开发,并转量产交付。

产品成功是市场成功的基础和必备条件。产品有短期和长期成功之分,但只有长期的成功才能保障市场的持久成功,仅仅靠一时的侥幸或偶然成功,造就不了长期成功市场。产品长久的成功首先需要好的产品战略规划。产品战略包括产品发展战略、产品族战略、产品平台战略、产品竞争战略等。

市场成功是产品成功的价值体现。市场成功也可以分为两个主要方面:一是直接经营目标的达成或超额达成,比如销量、收入、利润、市场份额等;二是非直接经营目标的达成或者超额达成,比如品牌知名度、品牌考虑度等品牌指标,以及声量表现、顾客满意度等其他体现市场反响的指标。市场是实现产品价值传递和增益的主体,产品的市场成功是产品价值在市场得到充分接受和认可的体现。

市场成功由许多因素共同促成，核心因素之一是依托于体系化的市场操盘能力。在规模化、多品类，甚至是多品牌、多渠道的市场环境下，没有体系化的市场操盘能力难以支撑产品的市场成功。市场领域有GTM、MKT、渠道、零售、服务等职能模块，就如同研发有硬件、软件、结构、系统等模块一样。市场成功恰恰是充分发挥了MKT、渠道、零售、服务等职能的作用，让产品的有形价值和无形价值实现增益，建立用户连接并将产品价值有效地传递给用户，占领用户心智，使产品价值得到用户的认可，最终进行价值交易，实现价值的变现。企业再将所得到的资金投入研发，提升产品竞争力，从而形成良性循环。这个过程也称为"价值变现"（如图1-2所示）。

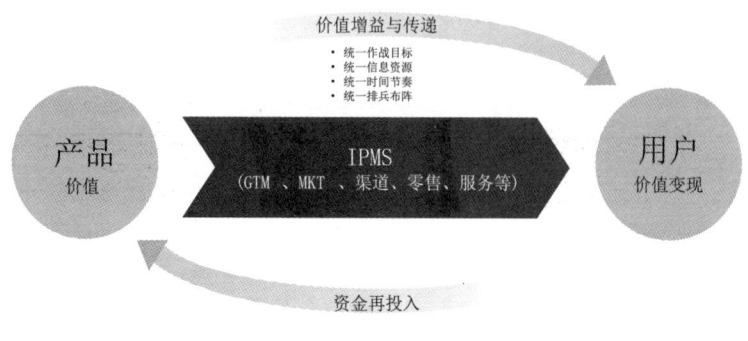

图1-2　价值变现

要实现这样的市场成功需要一套完善的机制，这就是以顾客为中心的集成产品营销服作战机制，**即IPMS体系**。

IPD保障了产品成功，IPMS保障了市场成功，正因如此，IPMS和IPD可以作为"兄弟"协同作战，共同保障产品的商业成功，这就是"双轮驱动"模型（如图1-3所示）。

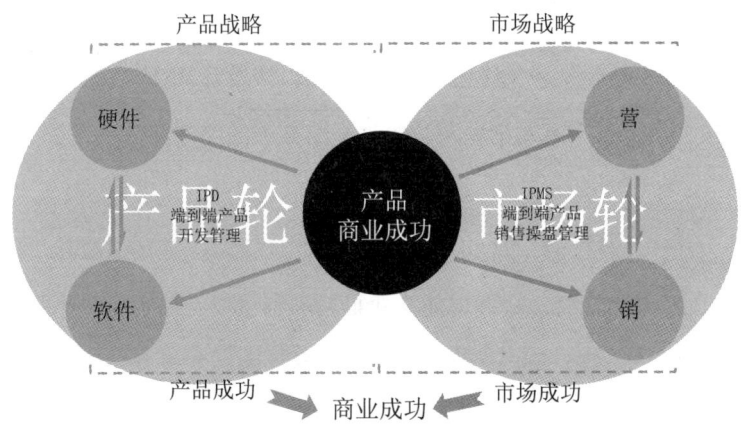

图1-3　商业成功的"双轮驱动"模型

IPMS 的本质

IPMS是企业实现商业成功的基础，IPMS体系是通过有计划的、专业的、统一的方法，统筹协调各领域高效协同作战的系统，也是营与销有机整合、保障企业高效运作的一套市场体系，它可以对GTM、MKT、渠道、零售、电商、服务、交付等职能进行协同管理，并协同产品线研发、供应链等领域，确保产品成功上市并高效达成商业目标。IPMS也是企业战略落地的重要保障之一。企业战略落地包括"战略开发""战略解码"和"战略落地实施"，这三部分也被称为"企业战略三部曲"，涉及IPMS体系的支撑和承接，本书第二章和第三章将重点介绍其中的关键部分。

IPMS的目标是通过构建系统化的作战体系，实现"治乱、提效、增力、增益"，最终促使商业目标顺利达成，并实现企业的持续发展。"治乱"是指把公司原有的混乱局面转变成方向清晰、作战有条理的格局；"提效"是指提高效率，提升投入产出比；"增力"是指提升市场操盘作战能力，同时促进产品竞争力的提升；"增益"是指价值增益，通过市场的"价值包装与传递"，提升企业的品牌价值，达到产品平均单价的提升以及销量的提升。

IPMS的核心内容是"三个一"作战体系（如图1-4所示），即一个专业的作战团队，一套标准的作战动作体系（含协同机制），一套完善的保障机制。IPMS通过"三个一"的作战体系运作，实现"多军种"协同作战、"端到端"操盘，达成市场目标。具体将在后面的章节中详细阐述。

```
                    "三个一"作战体系
    ┌───────────────────┼───────────────────┐
  一个专业的作战团队   一套标准的作战动作体系   一套完善的保障机制
     目标一致              分工明确              信息充分
     凝聚核心              高度协同              奖罚分明
     齐心协力              高效作战              高效决策
```

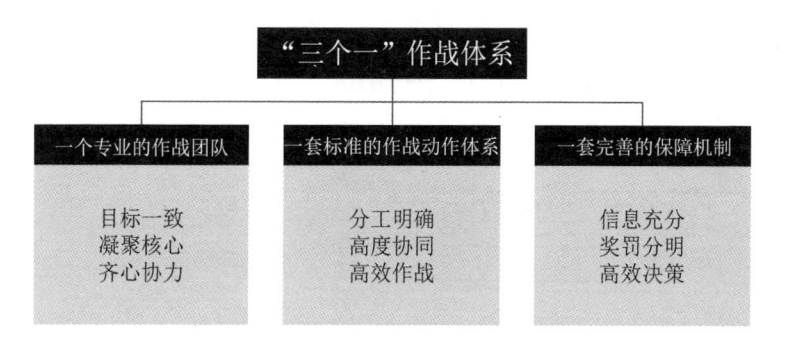

图1-4　IPMS"三个一"作战体系

IPMS 的架构

在流程体系架构中，IPMS属于跨领域的作战流，它主要聚焦于从产品的市场需求到产品规划立项、产品开发、上市，再到热销和退市的全过程。这个作战流覆盖了产品"从生到死"的全过程，因此，也被称为"端到端"的市场操盘作战流。该流程还涉及了研发、供应链和市场等体系的协同运作。

IPMS把作战体系分为两个维度：一是时间维度，指从产品立项开始到退市的时间，包含规划与立项、策略阶段、方案阶段、上市准备、发布＆首销、稳定销售、退市等多个阶段，这一维度也叫横向维度；二是职能维度，各个领域并列排开，明确不同阶段的工作和职责分工，明确协作关系，也称为纵向维度。"横""纵"形成了一张网，保障了IPMS整体作战体系的有效开展，最终保障商业目标的达成（如图1-5所示）。

	规划与立项	策略阶段	方案阶段	上市准备	发布&首销	稳定销售	退市
		GR1	GR2	GR3	GR4		
GTM							
MKT		上市前各项工作准备及协同				上市后生命周期管理及工作协同	退市相关工作开展及协同
渠道							
零售							
……							

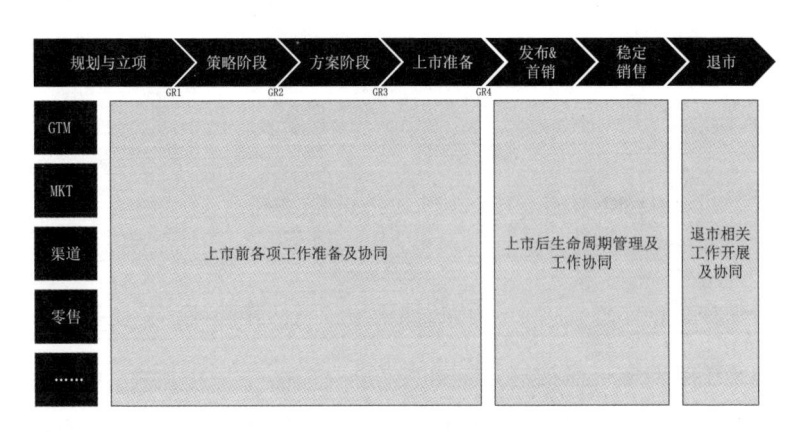

图1-5　IPMS标准作战体系示意

另外，在IPMS作战体系中，需要把握立项、策略、上市准备、发布&首销、退市等控制评审点，确保整体作战操盘准确、有效地开展。这些控制评审点也被称为GR评审点（GTM Review），指的是产品商业团队（Product Commercial Team，PCT），包括GTM、MKT、渠道、零售、电商、服务、产品&开发、交付等各领域在识别该阶段的问题和风险后所形成的综合评估意见或结论的流程节点。GR评审点结论可以为IPD相关节点提供依据，即IPMS流程通过GR评审点衔接与IPD流程协同运作，支撑集成组合管理团队（Integrated Project Management Team，IPMT）的业务决策评审（Decision Check Point，DCP）。

GR评审机制综合审视了各个领域的自检情况及结论，对产品操盘做出了阶段性评估，确保项目目标与方向、策略、方案等的合理性、可行性及有效性等，发现阶段性问题和风险（含变更），提前做规避措施，避免将问题遗留到下一阶段。

IPMS的价值

IPMS之所以成功，是因为这套作战体系通过构建完善的"三个一"作战机制,做到了"治乱、提效、增力、增益",并在整个体系运作过程中提升了各职能模块的作战能力。这套机制统一了语言,规范了动作,对交付输出也做了标准化规定,是一套专业的、可复制性非常强的作战模式。这套机制的建立和有效运行给企业带来了巨大的价值,主要表现在以下几个方面。

第一,构筑了市场领域"营"和"销"的体系化作战能力,提升了企业经营的软实力和韧劲。 在IPMS作战体系建立之前,市场领域的产品行销、MKT、零售、渠道、服务等领域各自为政、单兵种分散作战,目标不一致、火力不集中、作战能力低、竞争力弱、效率低,最终导致作战效果差。

导入IPMS作战体系后,各领域如同"海、陆、空"一样可以多兵种联合、全方位协同作战,目标一致、节奏一致、内容一致,"力出一孔",最终保障作战目标的达成,甚至超越设定的目标。前文中提到的华为P6项目就是典型的例子。P6项目中"营"和"销"的有机结合以及系统化作战,最终保障了作战效果。IPMS将"分散式"作战模式转化成"系统化"的作战模式,结束了单线作战、零散作战模式,提升了整体作战实力。这也确保了企业战略在业务层面得到高质量、高效的执行,确保战略目标的达成,为企业战略实现提供了保障。

第二，IPMS用标准化的作战方式让各领域的工作串在一起，**构建了"四维"协同作战的模式**。即从"时间""业务领域""职能模块""空间"的四个维度构建了"从产品立项到退市""从研发、供应链到市场""从产品行销到零售""从总部到一线"的立体化协同作战模式，实现了全方位协同作战的格局，实现了作战语言统一、作战动作标准化、交付输出标准化和规范化，提升了协同作战的能力和效率。

例如，在时间维度上，IPMS主业务流分为规划立项、策略、方案、上市准备、稳定销售、退市等阶段，实现了全流程端到端的管理；在业务领域维度上，IPMS的跨体系范畴覆盖了产品线和研发领域、供应链领域和市场领域，实现了多体系协同；在职能模块维度上，IPMS的角色涵盖了产品行销、MKT、渠道、零售、服务等市场领域的核心职能模块，保障了市场领域内总部层面各职能模块之间的有效协同；在空间维度上，IPMS覆盖了国家、地区等层级，确保自上而下和自下而上的内容能够相互协同，保障最终的落地执行效果。这就是"四维"协同的作战体系。

第三，与IPD"握手"，在节奏上与IPD保持一致，实现了产品从"生"到"死"端到端的双流程协同作战机制，构建了产品全生命周期的作战体系。在一些企业中，产品从设计开发到上市属于产品开发领域，上市销售工作属于某个市场部门，产品退市工作又属于另一个部门，不同阶段由不同的领域和团队负责，相互之间的交接棒交得好就顺利，交不好就掉链子。IPMS恰好避免了掉链子的问题，实现了IPMS和IPD从产品设计到退市的协同，即实现了产品从"生"到"死"端到端的协同。同时，IPMS核心阶段的关键点与IPD核心阶段的关键点在时间节奏上保持了一致，实现了节点互锁，这是IPMS主业务流的核心要素之一。这样做带来了很多好处：首先，使市场需求能够第一时间传递到产品开发部门，在产品规划与立项阶段就能够充分考虑市场需求，确保投入开发前产品能够满足用户需求，实现了以"用户为中心"从理念到实际行动的承接。其次，在产品开发过程中，及时同步产品开发进度，并及时开展相关评审，既保证了产品进度和质量等，又确保信息能够及时传递给市场部门，使其能够及时有效地制定产品上市操盘策略、执行方案等，也确保了产品能够在上市前得到充分的销售推演和上市准备，提升了产品的上市成功率。第三，确保了产品开发节奏满足市场上市节奏的需求，使市场准备的节奏能够更加精准。这样降低了风险（比如市场准备好后产品突然要延迟的风险,或者产品开发好后市场还需要很长时间去准备的风险),减少了浪费,更重要的是提升了作战效果。IPMS 和 IPD 节奏的一致,使产品的开发节奏、信息传递等能够与市场同步,更好地形成协同和互补,保障产品的市场成功。

第四,IPMS 以"产品经营"为作战导向,驱动业务管理效率不断提升。IPMS 体系倡导"产品经营"思维,分别从产品整体经营、产品单项目经营等层面,以及人效、物效、时效等维度构建产品经营管理体系,实现了产品端到端的经营管理。主要体现在:

(1)构建统一的作战地图,通盘考虑和部署产品,并对产品进行分层分级,按等级投入资源,实现资源的有效分配,提升资源的利用率,从而提升了核心产品的成功率,保障了核心产品的经营达成率。

(2)在单项目中,以经营目标为核心进行目标分解,分配项目内对应的投入资源,确保每一份资源都能得到有效利用,以及在项目中贯穿经营损益的概算、预算、核算、决算机制,确保每一个项目的经营都能够满足公司需求。

这就保障了用更少的资源投入达到更高的产出，即提升物效，提升了投入产出比（Return on Investment，ROI）；也保障了用更少的人力达成更高的业绩，即提升人效；以及保障了用更短的时间完成战斗准备和战斗，即提升时效，从而提升了整体业务的经营效率。

第五，在体系化作战模式的牵引下，"矩阵式"的项目作战模式驱动了各军种能力的提升。IPMS体系运作是由"矩阵式"的项目作战团队承接的，这个作战团队的核心成员来自市场领域的各个职能模块。这些职能模块的作战能力在建立之初往往参差不齐，这就导致了团队中各个角色的能力有别，以及相互协同意识不足，在运作过程中难免会出现这个角色支撑不足或那个角色不到位等情况，能力弱的角色可能会给团队"拖后腿"，成为重点的"被关注对象"。这样的局面会形成"赛马"机制，在良性的激励与考核机制牵引下，各团队成员都会不甘示弱，主动和被动地努力提升自己的能力，经过一定时期和一定项目的训练后，各团队成员的能力都会提升，最终保证大家能够在同一水平上对话，开展协同作战，这就是IPMS矩阵能力驱动模型（如图1-6所示）在实践中的运用。

第1章 IPMS基本概述 / 033

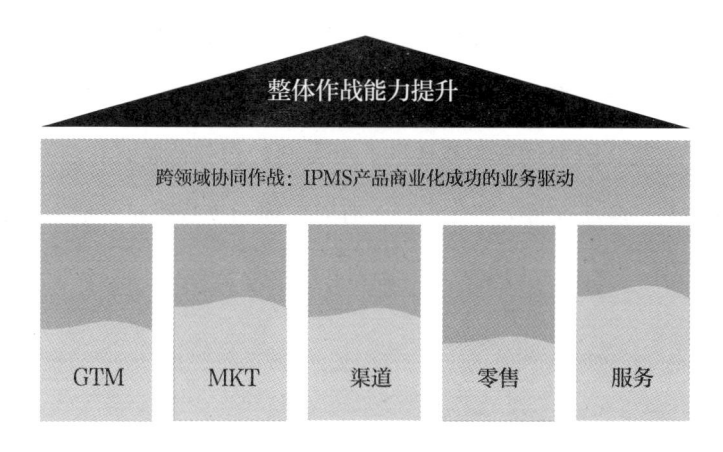

图1-6 IPMS矩阵能力驱动模型

第六，IPMS以"标准化的动作""标准化的交付""统一的语言""数字化工具"构建了一套专业的、可复制的作战体系，保障了企业多品牌、多品类的健康运行。首先，IPMS体系将作战流分解成标准化的阶段，并将每个阶段的核心动作标准化，同时明确了标准动作之间的衔接关系，保障了基本动作的完整性；其次，IPMS体系将核心角色固定，并将各个角色的交付输出标准化，保障了交付内容的基本完整性；再次，IPMS体系统一了各类内容的核心要素，实现了信息互通语言的标准化，提升了信息交互的效率。同时，这些标准化是业务数字化的基础，可以让企业构建集成化的数字化平台，使作战决策更加高效，作战更加迅速，并且使作战方法、经验等知识理论和工具也能够得到传承和借鉴，提升了后续项目的成功率。也正因为如此，这些标准化和数字化的平台才能共同构建一套专业的、可复制的作战体系，在多系列、多品类、多品牌间标准化运行，有效支撑企业战略扩张的发展需要，最终提升企业的整体运营能力和效率。

第三节 IPMS的认知误区

在笔者辅导过的企业中，大多数对IPMS建设的理解都不深刻，甚至存在偏差，这也导致许多企业在IPMS的建设中进入了误区。笔者基于过往经验对IPMS建设过程中经常会产生的误区进行了归纳，希望可以帮助更多的企业更好地理解IPMS体系，更好地建设适合于自身的IPMS体系。

第一个误区：认为流程机制没有价值

认为IPMS流程机制没有实际效用和价值，对其不重视不执行。

各位读者对流程的印象或者认知是什么呢？又是如何定义流程的呢？在实际工作中，一些企业的管理者认为，流程只是工具，其本身没有什么价值和效用，所以也不太重视；甚至有些管理者还认为流程是僵硬的、烦琐的，会导致效率低下。譬如说流程中增加的某些环节打破了原有的运作层级，这样可能会使原有的衔接关系被切断，生成新的衔接关系，对于一些一线部门来说是增加了层级、降低了效率。

确实，在流程变革中，有些领域可能会出现沟通层级增加的情况，但是增加的都是必要的层级，我们不能从单个部门或职能模块来看，而要从公司的整体运作来看。比如一个具有多品牌、多品类、多市场、多渠道的集研发、生产、销售为一体的实体企业，过去的运作模式是各个市场以及渠道对接各品牌下不同的产品品类（如图1-7所示），提出追加临时需求、临时停止订单等市场要求。站在市场和渠道的角度来说，这种运作模式有优点，那就是可以直接与研发对话，提出产品需求；但同样也有不足，那就是来自各产品品类的诉求会导致多头对接，十分混乱。

对于研发领域来说也是一样的，过去的运作模式的优点是可以直接了解市场需求，但是不同的市场领域需求不同，到底应该优先满足谁的需求？只能硬着头皮拍脑袋。长此以往，实际的业务效率将会降低。并且所有的需求及作战考虑都基于不同的市场和渠道，没有从公司整体通盘考虑，会导致许多隐性损失。所以，提升这类大型流程变革的效率，要从全局、从公司整体运营的角度出发，不能只从各个部门或职能模块出发。

第1章　IPMS基本概述 / 037

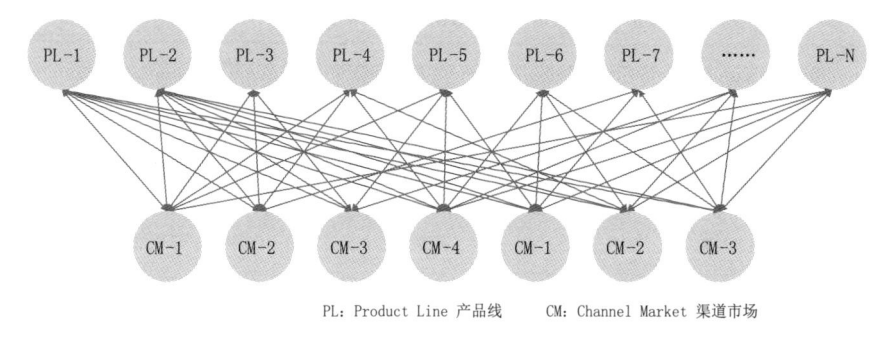

PL: Product Line 产品线　　CM: Channel Market 渠道市场

图1-7　多产品线、多渠道市场对应矩阵——多头对应、管理困难

IPMS流程体系解决了上述多头对应、管理困难的局面，构建了中央营销服体系，统一操盘，实现了整体布局，以及资源和效率的最大化。还有一些人不希望变革，因为变革可能会带来阵痛，使他们从过去的舒适区走出来，变更已经适应了的做法，这难免会让他们抗拒。

IPMS流程体系不仅可以解决"多头对应、管理困难"的局面，还是低能力组织的运营保障。为什么呢？对于一些能力比较弱的组织，特别是新人比较多的组织，员工本身经验比较不足，对业务了解不多，面对部门安排的工作，他们可能不知道从何做起，也可能不清楚具体的范围，该做哪些、不该做哪些。IPMS流程体系就提供了标准化、有序化、边界清晰的规则，让他们至少知道了具体要做哪几件事情,做好一件事情有哪几个步骤。IPMS流程体系能够帮助他们解决从0到1的问题,把事情先做起来。就像练习武术一样,低段位的人往往需要武功秘诀;而高段位者可以自己创造秘诀,达到无招胜有招的效果。

出现第一个误区的原因

既然IPMS流程这么有价值,为什么还会出现上面提到的认知问题呢?主要原因可以归结为两个方面。

(1)流程制度本身不完善,难以执行。一些企业其实也是有流程的,但是很多流程只是一个框架,不够具体,缺乏可执行性,甚至只是半截流程,执行起来存在很多漏洞和缺陷,但是又没有人去优化,最终导致流程无法执行或者难以执行,久而久之就被搁置了。这种情况就是流程与业务不匹配,或者无法满足业务发展需求,它比没有流程还麻烦。没有的话,员工按照自己的经验,可能还有50%的概率把事情做好;但是按照错误流程来执行,效果只会更差。

当然,流程制度不完善除了流程建设本身不完善外,也有可能是因为业务发生了变化，但是流程又没有及时升级导致旧的流程不再适用新的业务模式；或者引入的新流程只是照抄其他公司，没有进行"本土化"的适配，这样的流程即使建立起来，也将难以执行。

（2）**配套机制不完善，没有对应的奖惩制度，导致员工没有流程意识**。有些流程是建立起来了，但没有人使用，没有人管理，出现问题没有可追究的责任人，员工也不重视。这种情况也会导致有些员工贪图便利，绕过流程去做事，因为即使做错了，也不需要承担后果。时间久了流程就会成为摆设，放在文档库里面"沉睡"。

一家企业在进行IPMS调研的时候，就有很多员工持悲观态度，认为这个流程在企业内部不会得到很好的执行，理由就是公司已经有很多流程了，但员工都不按照流程执行。IPMS流程体系提倡协同，但是员工就是不协同，即便有了流程体系还是不协同，那怎么办呢？这里实际上涉及一个很重要的因素，就是员工的流程意识。流程意识其实需要多方面共同构建，如流程制度本身的完备性、执行流程的配套措施和资源、权责利的匹配、企业文化等，只有完善了这些才能使流程落地。

一套好的流程体系需要相应的配套机制，同时，在变革和推行流程的时候，一定要做到"先僵化、再优化、再固化"。所谓的"先僵化"就是要严格按照流程执行，改掉过去的作业习惯。这里有一点，"僵化"的前提是流程符合企业的业务逻辑，满足企业未来业务发展的需要。然后再通过试点推行，在实践中不断结合业务运作情况调整细节，"优化"原有考虑不周全或者设计不合理的地方，进一步完善流程。最终，通过多轮试点或者多个项目实践的总结和"优化"改进后，得出一套完全适合企业的新机制，再将其"固化"下来。

在此，有一点需要强调，或许人人都知道流程，但未必人人都懂。在进行流程变革的时候，企业一定要找真正明白的人来执行。笔者曾经遇到一些企业找了不懂的人建设IPMS流程，导致最终效果受影响，员工难以执行，流程难以落地。

第二个误区：对流程体系的定位不准确

对IPMS流程体系建设的职责定位不明确，导致变革难以推行或者流程扭曲，难以落地。

在实际工作中，企业人员对IPMS定位的不同理解会对IPMS的建设、推行和落地产生不同影响，有时执行起来甚至会导致流程扭曲，失去原有效果。这些不太准确的定位主要表现在以下几个方面。

（1）有一些人员把IPMS定位为IPD的子流程。从专业性的角度来说，这种定位不太准确。IPMS和IPD实际上属于不同领域的流程，用以解决不同专业领域的业务问题。正如本章刚开始就介绍的，IPMS和IPD分别保障"市场成功"和"产品成功"。市场和研发是平行的业务领域，不存在上下级的关系。当然，不同企业在不同发展阶段，可以根据自身情况进行适当侧重。但是若将IPMS定位为IPD的子流程，首先会削弱市场领域的原则性，对于本应该坚持的需求，市场可能会妥协，因为各项决策可能会优先满足研发的诉求。其次，市场团队的工作设计及开展可能会基于研发需求，而非以用户需求为中心，这样就违背了IPMS建设的初衷。正如本章开头所讲，IPMS（当时的GTM）刚开始导入的时候就是为了用户。如果我们建立了IPMS体系，最终还是让研发一方独大，使市场没有话语权，就会导致业务经营失衡，影响企业变革的初心。

笔者曾辅导过一家千亿级别的企业，刚开始的时候，这家企业在市场领域除了承担传播类角色，没有太多其他角色。当时，这家企业的产品研发和一线代理公司都有非常强的话语权。要在这种业务模式下建立起市场运作体系、生成新的角色是非常困难的事情。

在变革初期，来自产品研发和一线代理公司的投诉特别多，杂音也非常多，大家都不看好总部建立的这套运作体系。产品研发的领导直接将该市场体系的流程定义为IPD变革项目的子项目。在考核上，产品研发的领导对市场相关角色具有决定性的考核权。最终是通过笔者的努力协调，顶住压力，慢慢扭转了形势。通过一段时间的推行和调整，项目获得了成功。尽管在执行中有很多中层干部有这样或那样的问题，但是有一点，公司的首席执行官（Chief Executive Officer，CEO）非常支持该项变革，几乎每次的项目活动他都会站台，这也是项目在公司能够顺利推行的重要原因之一。企业高层的大力和持续支持，是所有变革项目成功最关键的要素之一。

（2）有些人员认为IPMS的作战主业务流就是IPMS流程体系的全部。IPMS流程体系在建设过程中设立好关键角色，以及建设了IPMS作战主业务流以后，很多企业的管理者，特别是中层管理者可能会觉得事情做完了，认为这就是IPMS流程体系的全部。实际上，这种理解不太妥当。

在一定程度上来说，IPMS作战主业务流建设完成后，狭义的IPMS确实是建设完了，但是还有许多支撑这个主业务流运行的配套东西没有建设，还需要不断完善各种机制和作战工具，才能使作战主业务流跑起来。这就如同高铁的运行，铁轨铺完后还需要在沿途各站建立信号系统，配套安检设施、候车设施等，才能够让列车跑起来。

IPMS流程也一样，如果配套设施不健全就开始"跑"，必然会遇到这样或者那样的问题。这时候就会有许多杂音，说这个流程不好、不适用、不完善、问题很多等，这些杂音又会严重影响团队的士气，甚至影响领导者的决心，最终可能导致项目流产或者成为半吊子项目。

笔者曾遇到过这样一个案例：一家中型企业从零

开始建设IPMS流程体系，其中就包括组织的优化和调整。按照新的流程设计，组织中原有的一些人要作为其中的关键角色开展工作。但是新的流程才刚刚开始搭建，各项梳理工作都没有完成，职责还不清晰，交付输出规定也不标准，这些人实际上不太清楚自己该做什么。公司也不可能等流程建完了再让他们干活，而流程又不可能一下子就建完。这个时候，顾问会基于个人经验辅导该部分员工理解并开展自己的工作，让他们跟着顾问边开展工作边建设流程，这种模式被称为陪跑，也叫"边建边干"。

这种模式会使已经开展的一些项目需要半途按照新的流程来运作。这样可能会导致过去一些信息被遗漏或者现有项目没有按照新流程从头到尾做而出现各种状况，给人感觉是新流程带来了很多问题，殊不知这些问题出现是因为旧项目本身就不完善，这些问题是在新流程执行中被发现的。当然，有些企业人员会因为业务绩效等各种压力，明知是项目本身的问题，也会说是新流程的问题，为他们按照老方法做事找借口和托词。

（3）**有些人员认为IPMS流程体系的建设和推行是GTM这一角色的任务，与其他角色关系不大。**前面提到IPMS流程体系实际上覆盖了市场领域的很多职能模块，甚至覆盖了多个层级，还与研发、供应链等领域存在很重要的协同关系。因此，建设和推行IPMS流程体系需要一个联合的团队，是多个部门的职责。但是在实际工作开展过程中，IPMS体系的建设和推行往往只由GTM岗位人员负责，其他MKT、渠道、零售、服务等岗位人员的参与非常少，员工对变革不关心，投入少，甚至相应领域的管理者也有同样的认知，这种情况非常危险，可能会导致变革后的业务还只能覆盖某个单一的职能模块，这样的结果与IPMS流程体系建设的初衷并不一致，毕竟体系建设的初衷是要各领域协同增效。在各部门相互孤立的情况下，体系很难运行起来。

因此，需要特别注意IPMS流程体系的建设和推行不只是GTM岗位人员的事情，还涵盖了其他领域，只是第一责任人一般情况下属于GTM岗位人员。IPMS流程体系的建立需要市场领域各部门共同作战，需要大家保持沟通，努力投入，并且在过程中做到开放、包容、协作、坚持，只有这样，才能促使整个体系很好地建设和推行。

第三个误区：期望流程效果立竿见影

认为IPMS建设可以一蹴而就，并且认为IPMS是灵丹妙药，一旦建成，效果立竿见影。

流程体系的建设是系统性工程，特别是为企业经营而建设的大型流程系统，比如IPMS和IPD，它们在企业里基本属于一二级流程，是企业流程中的较高级别，或者代表了一群流程的集合（简称流程组）。一二级流程建立之后，还需要进一步细化到更细层级，同时，还要建设相应配套的其他能力流程。比如营销服体系的一级流程下可以分为IPMS作战流、管理GTM、管理渠道等等，只是建立了IPMS作战流，不建设管理GTM、管理渠道和管理零售等相关能力流程，作战流运作起来也是会有问题的。

通常情况下，企业的流程通常可以划分为五到六级（如图1-8所示），具体层级视企业情况而定。

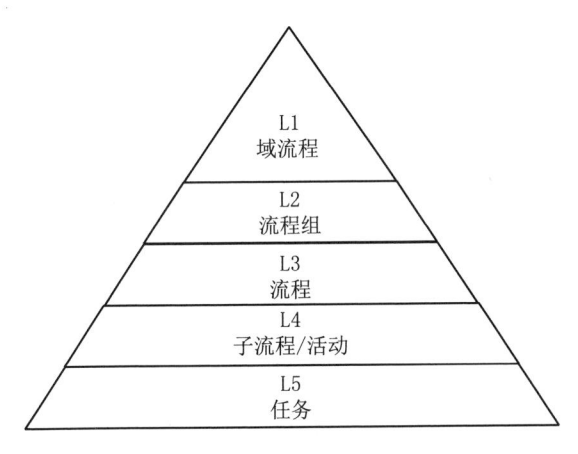

```
       L1
     域流程
      L2
     流程组
     L3
     流程
    L4
  子流程/活动
   L5
   任务
```

图1-8 流程层级

流程层级的分类

（1）域流程，也称"流程类别""类流程"，指的是某一大领域的顶层流程，一般称为"Level 1流程"，简称"L1"，是企业中最高级别的流程。广义的IPMS就属于这个层级，有些企业把广义的IPMS称为"营销服管理""营销管理"或者"市场营销管理"，无论怎么叫，IPMS覆盖的业务范围基本一致，也就是GTM、MKT、渠道、电商、零售、服务等职能模块。

（2）流程组，指的是在特定域流程下，同职能模块的流程集合，或者某一职能模块的主业务流程，简称"L2"。一般情况下，狭义的IPMS主业务流程属于这个层级，具体视各个企业的情况而定。

（3）流程，通常指一系列具有相互输入输出关系的活动组合，或者同一职能模块下，不同业务场景的流程集合，简称"L3"，其与前面的L1、L2共同构成了企业中某一大领域的流程架构。

（4）子流程或活动，简称"L4"，一般指活动层，即执行某一业务需要完成的关键事项。但是L4具体代表哪一层通常要根据实际业务情况而定，对于有些企业来说，L4代表活动层，那么L4下面最多只有一层，即"任务层"；如果L4代表某一具体的子流程，那么其下还会有两层，即"活动层"和"任务层"。

（5）任务，指某一活动中更具体的子项，简称为"L5"，《×××操作指导书》《×××规则》等一般属于这一层级。

从上面的流程层级可以看出，一二级流程的涉及面非常广。正因如此，在进行一二级流程变革时，需要进行深入的业务洞察，进而基于业务洞察进行流程设计，还要搭建许多规则以支撑整个流程的运作。这就需要足够的时间投入。在实际操作中，这种变革最少要持续12个月，效果才能逐渐显现。

短视思维模式的后果

在实际工作中，很多企业业务部门的领导会因业绩压力而着急，恨不得刚听说IPMS，或者刚把IPMS建设起来，就要看到效果。这种心情笔者可以理解，但并不支持。笔者遇到过许多基于过去的销售模式建立起"快速销售"思维的企业。这种思维模式的好处是能够让员工集中精力做好眼前的事，获得比较好的业绩；但是不足之处是大部分员工只考虑眼前的事情，缺乏对未来的规划和投入，导致员工永远疲于奔命解决眼前的事，甚至企业运营也会陷入不良循环。

同时，这种短视思维模式也会成为IPMS变革过程中的阻碍。当业务部门将人力物力投入变革，几个月后却发现毫无结果，销售业绩并没有得到提升时，就会引来部门领导的抱怨。这些抱怨传到高层管理者的耳朵里可能会引起其误解，甚至导致变革被叫停。同样，也是基于业绩压力，业务部门的领导可能会把有限的人力物力投入短期能见效的事情上，对于变革只是口头支持，实际上并没有投入，要人力没人力，要资源没资源，这样也会导致变革难以推行和产生效果。

关注业绩没有错,但是我们也要考虑企业的持久发展。IPMS的建设涉及企业的整体架构和业务设计,牵一发而动全身,并非"头痛医头,脚痛医脚"。它是修"道",而非学"术"。修"道"并非易事,因此,无论是企业的管理者还是员工,都要有耐心,如果认准变革方向和措施是正确的,那么就坚持做难而正确的事情。

—— 第2章

IPMS之产品上市操盘

第一章中我们讲了IPMS的核心内容是"三个一",即一个专业的作战团队、一套标准的作战动作体系、一套完善的保障机制。其中"一套标准的作战动作体系"可以基于产品上市前和上市后分为"上市前的操盘动作"和"上市后的操盘动作",本章将重点讲述上市前的操盘动作。

一个产品或者一个套系的产品能否上市成功,上市前的推演和准备工作起到了决定性作用。这些工作就是产品上市操盘,即在产品上市之前分析市场中的核心要素,并以此为依据制定相关作战方案,落地实施方案,做到"万事俱备、力出一孔",这是产品上市的关键。正如《孙子兵法》中所说的"胜兵先胜而后求战,败兵先战而后求胜",意思就是想打胜仗,就要在开战之前做好打胜仗的推演和准备,等上了战场才慌乱地想求胜战术为时已晚。因此,做好产品上市操盘十分重要。

那么,产品上市操盘涵盖了哪些内容?主要可分为:明确产品的需求与定位、制定产品操盘方案、实施产品操盘方案等(如图2-1所示)。后面章节的内容将基于这几点详细介绍。

明确产品的需求和定位 → 制定产品操盘方案 → 实施产品操盘方案

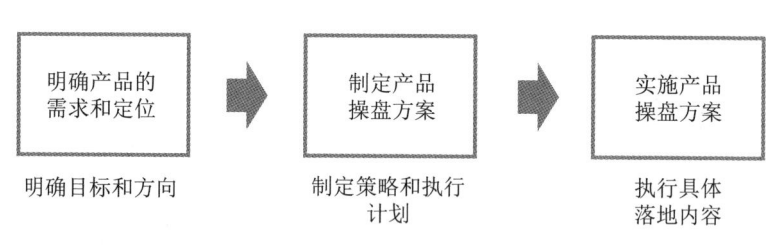

明确目标和方向　　　制定策略和执行计划　　　执行具体落地内容

图2-1　产品上市操盘的核心工作内容

第一节　产品的需求与定位

当听到"产品的需求与定位"时，或许有些人会觉得这不就是产品规划部（或者产品经理）的工作吗？确实，在许多企业中，产品从规划立项到开发完成的整个过程，主要在研发领域以及供应链领域展开；而市场领域在早期介入比较少，基本都是产品快要开发完成时，才开始启动产品市场上市的准备工作。前文也提到过这个问题，市场领域在产品已经"生米煮成熟饭"时才介入，会导致市场往往只能硬着头皮推广产品，最终导致产品上市后销量不佳。这不正是《孙子兵法》中所说的"败兵先战而后求胜"吗？这也正是企业要导入IPMS的原因，前面的章节提到，IPMS与IPD从产品规划立项开始到退市形成了节点互锁。市场领域的核心角色在产品需求与定义阶段就介入工作，参与作战推演和准备，可以提升产品上市销量，同时提升企业的经营效率。

在开展产品的需求与定位工作时，需要落实几项核心内容，包括进行市场洞察与分析、进行产品定位、明确产品市场需求。这些内容一环扣一环（如图2-2所示），首先是基于市场洞察挖掘市场机会点和用户需求，再基于市场机会点和用户需求定位产品，最后整合输出产品的市场需求，给产品和研发端提供明确的市场需求，避免市场需求滞后于产品开发。当产品被开发出来发现不能满足市场需求，再想改弦易辙为时已晚，市场领域只能将就推广产品，最终可能导致产品的销售业绩受到影响。因此，需要在开展产品的需求与定位工作时就明确市场需求。

进行市场洞察与分析	➡	进行产品定位	➡	明确产品市场需求
挖掘市场机会点和用户需求		用什么去抢占机会和满足需求		整合需求并输出给产品和研发端

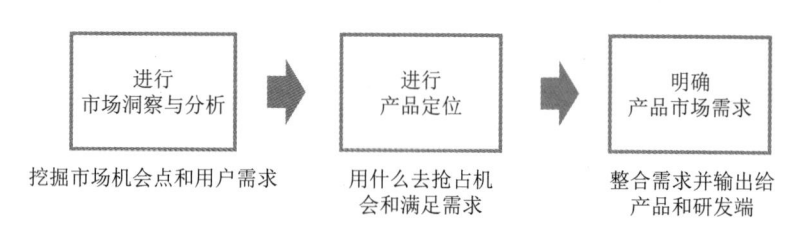

图2-2 "产品的需求与定位"核心工作内容

进行市场洞察与分析

大家对市场洞察耳熟能详，其核心无非是"五看"，即看宏观、看市场（或行业）、看竞争、看用户、看自己，有些人或企业将其称为"四看"（看行业、看竞争、看用户、看自己）。无论是"五看"还是"四看"，本质都一样。但是，为什么看似我们对市场洞察很熟悉，最终实现效果却不佳？这里面有许多原因，比如市场洞察的目的不清晰、方法不适合，市场洞察缺乏专业性、体系性以及深度等，这些都可能导致市场洞察无效。因此，我们需要从以下几个方面着手，确保市场洞察的效果。

第一，明确市场洞察的目的。

不同的使用场景和领域，对市场洞察的要求也不一样。因此，先要明确洞察的目的，而后才能明确使用场景和领域。比如出去旅游的时候，我们会分析哪条线路好玩，哪些线路有风险，如何规避风险，以及哪里有好吃的。这也是一种洞察，通常我们会基于自己的需求找到合适的解决方案。而工作中的市场洞察，主要有以下目的：

（1）了解宏观经济、政治环境等因素是否会对企业自身的业务发展带来机遇或挑战。因此，这时的市场洞察主要是从宏观角度分析机遇和挑战的。

（2）了解整个行业未来的发展情况，包括整个行业的大盘、容量、各品牌的布局等，以此找到市场的增长机会点，特别是未来的增长点。

（3）通过洞察了解用户（含ToB和ToC用户）的真实需求，结合行业分析等，找到用户需求，确定产品的核心目标人群，真正做到"以用户为中心"定义产品的市场需求。

（4）了解行业竞争格局，比较企业与竞争对手的优劣势，这样才能更好地布局产品，满足用户需求。

（5）了解企业的优势和不足，包括但不限于企业的品牌价值、渠道、服务、组织及资源等信息，以此作为产品布局方向的参照依据。

最终根据市场洞察的结果，利用SWOT[①]等工具分析得出目标人群与产品市场需求，为后续制定市场主策略提供依据。

当然，在市场洞察过程中，每一个细微的项目都有自己的具体目标，这一点需要根据实际情况分析，在此就不展开说明了。

第二，选择正确的市场洞察方法，多维度展开信息收集工作。

---

① SWOT分析是基于企业内外部竞争环境和竞争条件的态势分析，其中S(Strengths)是优势、W(Weaknesses)是劣势、O(Opportunities)是机会、T(Threats)是威胁。

在实际工作中,市场洞察的方法和信息收集的路径有很多,根据不同的市场洞察目的可以选择不同的方式,比如进行宏观、行业等市场洞察,可以从互联网获取公开信息,也可以通过一些行业专业机构的分析报告获取基本信息。进行用户洞察可以请专业的用户洞察机构协助开展工作,或者购买第三方报告。无论采用何种形式,都需要甄别机构的专业性和信息、数据的准确性,避免被不准确的信息所误导。最后,还可以通过企业自身的资源包括但不限于电商销售平台、零售门店、服务、区域、代理商、供应商等多维度获取信息。

第三,避开市场洞察的误区。

误区一:把观察当作市场洞察。正如"冰山理论"一样,轻而易举就能观察到的只是露出水面的冰山顶部,而我们想要洞察的真实动机则藏在水面之下。只有深入洞察,才能真正了解情况,观察到整座冰山。

误区二:只做市场洞察不做分析。在工作中,我们经常会看到许多只罗列了数据,而没有基于数据挖掘深层次问题的报告。为什么数据是这样的?是什么因素导致的?如何改变数据的现状？对这些问题不进行深入分析，就容易导致决策误判。

误区三：缺乏持续性的市场洞察。市场洞察往往需要资金的投入，许多企业预算有限，在市场洞察工作上缺乏投入，这就导致非不必要不进行市场洞察，也导致市场洞察缺乏连贯性和持续性，只能做到点状的市场洞察。想要避免这种情况，企业就需要构建可以保证日常持续监测的机制，保障一些只需低投入就能做的必要的市场洞察持续进行。

我们在开展产品上市项目的时候，通常要对品牌认知、消费者购买行为、产品定义、广告创意等环节进行市场洞察。通过品牌认知洞察，我们可以了解品牌在消费者心目中的印象和影响程度，便于制定营销推广方案，定义竞争策略；通过洞察消费者购买行为，可以了解消费者的购买决策因素、购买渠道、使用习惯等，便于定义产品、制定营销推广策略等。这些市场洞察对后续工作起到了关键作用，如果我们只做了某几个环节的洞察，那么这些有限洞察的结果就很难形成一个完整的证据链路，支撑后续的策略制定。

市场洞察是一项非常重要的工作,可以拉近品牌方和消费者之间的认知差距。

当我们完成了市场洞察和分析后,就要输出相应的内容报告,为后续产品定位和产品市场需求提供支持。

进行产品定位

实际上,市场洞察与分析最终输出的重要内容就是市场机会点和用户需求,它们既是目标市场和目标人群定位的前提,也是产品定位的前提。产品定位指的是企业用什么样的产品满足目标市场和目标人群的需求。如果将"新产品成功上市销售"比作一场战役,那么产品定位就是对这场战役进行沙盘模拟、假想分析,并得出相应策略。一般情况下,产品定位在市场定位之后,企业要结合目标市场、目标人群,以及行业竞争格局等内容进行产品定位。

产品定位的核心内容包括明确产品核心市场布局、产品目标人群、产品品类内布局、产品重要等级、产品销量目标、产品价格档位、产品营销方向、产品经营损益,称为"产品定位八要素"。当然,不同企业的产品定位存在差异,因此不必生搬硬套,关键是要覆盖这几项核心内容。接下来,我们对这八要素进行简要说明。

(1)明确产品核心市场布局。也就是选择目标市场,只有明确了目标市场才可能定位产品,毕竟目标市场不同,目标人群就不同,市场需求也会不同,作战策略就不同。比如一款手机的目标市场如果选择在中国以及欧洲、拉丁美洲地区,与将目标市场只选在中国相比,手机的内部应用界面、外形颜色、产品通信频段等都会有所差异。首先,这是因为不同市场的用户在文化背景、生活习惯等方面存在较大差异,导致用户需求存在差异;其次,不同地区的通信基础不一样,对手机的配置要求也不一样。不只国外,即使在国内,南方和北方、高原和平原地区的产品可能都会存在差异。比如汽车市场,销往南方的汽车可能不太需要考虑冬天被冻住的问题;而销往北方的汽车则可能要考虑这一点,以及考虑添加座椅加热等功能。因此,做好产品定位首先要明确目标市场。

(2)明确产品目标人群。有了目标市场就可以定义目标人群,不同目标市场中的目标人群存在需求上的差异,当然也可能存在共性。在进行目标人群定位时,首先要根据核心市场定位,确定核心市场中的主要增长机会点;其次,基于这些增长机会点,结合市场洞察与分析的结果(比如人群分类、人群画像等),确定目标人群;再分析目标人群的需求,最终得出产品需求。在进行目标人群定位时,需要注意选择合适的人群分类规则,不同的分类规则会产生不同的目标人群画像。以前面的手机项目为例,假设该手机的目标市场是国内,同时产品定位是高端手机,那么企业就要明确哪一类高端手机用户才是这款手机的目标人群。假设目标人群为年轻的精英人士,那么企业可以基于这个目标人群再去分析用户需求和行为等,为后续的策略制定提供依据。

(3)**明确产品品类内布局**。明确了目标市场和目标人群后,还要分析产品的品类内布局,定位产品在整个品类中的位置,比如产品对标竞争对手的哪个产品等,这样才能更好地为产品定义提供依据。除此之外,还要明确产品在品类内的接续策略,即后续应该接替什么样的产品,什么时候接替,如何接替等;如果企业打算拓展某个空白领域,则可以不考虑接替的产品,但要考虑产品未来的迭代和发展。另外,在进行产品布局时,要考虑竞争对手的产品布局情况,结合竞争对手的产品分析自身如何布局才能在竞争中取胜。还以前面的手机项目为例，该款手机的定位为国内市场、高端人群，结合这些信息，可以明确其在企业自身的手机品类内应为高端产品。如果企业的手机品类中已经有高端产品，那么要进一步明确其与当前产品的关系。

（4）明确产品重要等级。明确了以上内容后，还要明确产品的重要等级，一般企业会将产品分为旗舰产品、明星产品、普通产品等，也有的企业用360°、270°、180°等表示不同的产品等级。产品的不同等级会影响上市的使命，同时也会影响市场的资源投入，特别是产品营销与销售预算的投入。

（5）明确产品销量目标。产品的销量目标往往代表了它的价值，销量越高收益越高。但是，并不是所有的产品都可以想卖多少就能卖多少，实际销量会受许多因素的影响。一款产品的销量往往与投入有关，因此，销量目标也可以用来衡量投入产出比，以此作为投资决策的参考依据。如果一款产品上市销售后亏损很大，甚至连成本都无法覆盖，那么它上市的意义何在？当然，有些产品是为了树立品牌形象，即使亏本也要上市，这另当别论。制定好销量目标非常重要，它不但会影响到企业的投资决策，还也会影响一线销售人员的任务。销量目标就像灯塔，引导大家努力前进。既然销量目标如此重要,那么它的准确性自然也不可忽视。

通常情况下,预测销量目标可以从以下几个维度出发:第一,基于公司战略和阶段性的销量目标预测总体销量目标;第二,让一线销售自下而上地预估申报各单位和各层级的销量目标,累计得出总体的销量目标;第三,基于市场洞察与分析得出市场容量等信息,结合竞争情况,制定销量目标。当然,还有许多其他的方法可以测算销量目标,这里就不一一展开了。总之,要基于多维度的分析,才能确定出一个相对合理的销量目标。

(6)**明确产品价格档位**。明确了目标市场、目标人群、产品在品类内的定位,以及销量目标后,还需要进一步明确产品的价格档位,这里通常指的是零售价(街价),即产品的出售价格。首先,价格档位也是区分目标人群的重要因素,不同人群的需求不同,明确产品的价格档位也是对目标人群的再次确认;其次,企业要在竞争中占据优势,必然要考虑竞争对手设定的价格档位,比如针对同一目标人群,可以结合竞争对手的价格档位明确自身的价格档位。另外,有些企业是代理制的,在制定价格档位时就要考虑零售价和出厂价。如前面提到的手机案例,该款手机的目标人群是国内年轻的精英人士，那么它的价格应该以什么档位为主？假设6000元以上的就是高端手机，那么企业需要明确该手机的价格档位是6000～8000元，还是9000～10000元，甚至更高。

（7）**明确产品营销方向**。产品营销方向是产品对外传播的核心方向，由此也延伸出产品的核心卖点、用户核心价值利益点等。这些内容需要根据目标人群的需求制定，并指引后续的营销策略。产品营销方向也是产品是否要重点投入的影响因素，产品开发要以用户为中心，重点保障能够引发用户关注、给用户带来价值的特性，因此，明确了产品营销方向后，需要与产品开发部门同步，确保产品最终特性与对外传播的一致性和匹配性。

（8）**明确产品经营损益**。IPMS的一个核心要素就是"经营"，涉及对产品的成本、价格、销量、市场费用等内容的组合分析，在产品定位的时候就要分析产品的直接经营损益，明确目标利润率，这样就可以基于这个目标制定后续策略，比如明确要投入多少市场费用等，同时产品开发也要根据测算出来的成本控制投入。这样才能充分保证在经营投入许可的范围内生产产品，保证产品盈利。

以上就是产品定位的核心内容，这些内容在一定程度上是同步进行的，并且相辅相成、相互制约，因此在产品定位的过程中一定要及时做到信息共享。

产品定位是产品上市推演中一个很重要的环节，是产品上市成功的关键，这个环节相当于通过沙盘模拟确定"**作战目标**"和"**作战方向**"等内容，为后续制定作战策略提供了方向，也为产品定义提供了信息。

明确产品的市场需求

通过市场洞察和产品定位分析，可以进一步明确产品的市场需求。市场领域的人员要基于此整理和输出产品的市场需求表，这些需求包括但不限于产品的目标市场、销量目标、目标价格档位、产品上市的目标时间点、产品的核心卖点、产品的基本特性、外观需求等，然后将产品的市场需求表输出给产品规划相关部门。这样，相关部门在进行产品定义时就能够充分考虑市场需求，不至于等到产品上市后才发现无法满足市场需求导致再次返工，错过销售时机。

因此，市场领域和产品领域要在市场需求上达成共识，然后在产品设计和开发过程中满足市场需求，最终保障产品顺利交付，这也是IPMS覆盖这个环节的价值体现。

第二节 产品操盘方案

产品操盘方案实际上是基于产品市场洞察与分析、产品定位，制订实战项目的计划和执行措施，这个过程其实就是进一步细化目标，得出能够支撑目标达成的实施方案，其主要内容通常包括两大部分：**制定产品销售方案和产品营销方案（也称产品传播方案）**，这对应了第一章中提到的"双轮驱动"中"市场轮"的"销"和"营"。

制定产品销售方案

在本书中，产品销售方案主要包括产品策略、渠道和零售方案等内容。要做好产品销售方案，可以从以下几个方面展开。

明确产品策略

产品策略是进一步细化产品定位后得出的结论，是渠道和零售等方案制定的前提。明确产品策略包括定产品使命、定产品直接经营性目标、定产品组合、定产品价格策略、定上市节奏，也称为"五定",具体内容如下。

（1）**定产品使命**。指基于企业战略和业务策略,明确该产品承载的责任和要达到的目标。通常根据产品使命可以将产品分为三类：第一,**冲量产品**,即上市就是为了冲销售量、提升占据市场份额的产品,此时,该产品的利润和价格都是次要考虑因素,企业可以辅以少量市场预算投入；第二,**既要量又要利润的产品**,即企业利润的主要提供产品,需要重点考虑其销量和价格的关系,以及资源投入等问题；第三,**品牌形象产品**,一般情况下,这种产品的上市主要是为了占领品牌高地,其利润和销量都是次要考虑因素,并且可能需要加大营销资源投入,提升品牌知名度。

明确产品使命对后续策略的制定和资源投入有很大的关系。实际上,产品在进行定位时,就已经有了初步的产品使命,比如产品在品类内的布局、产品的重要等级等,都与产品使命强相关,所以,企业可以基于之前的分析和定位明确产品使命。

（2）**定产品直接经营性目标**。一般情况下,产品的目标可以分为两类,一类是直接经营性目标,包括销量、收入、利润等；**另外一类是间接经营性目标**,通常指与品牌相关的指标,包括但不限于品牌知名度、品牌美誉度、品牌第一提及率（Top of Mind，TOM）、净推荐值（Net Promoter Score，NPS，NPS是评估用户向他人推荐公司产品或服务可能性的指标）等。这里的重点是制定产品的直接经营性目标，间接经营性目标的制定会在产品营销方案中介绍。

比如前文提到的销量目标，一般情况下是一个概算的总目标，但如果只有一个总目标，会导致责任难以落实到具体的组织和责任人，因此，这个阶段的核心就是进一步细化总目标，而不是总部层面的人"一竿子插到底"，将总目标告知每个责任主体。只有将总目标一层层向下分解，分解到具体的责任主体，比如各个地区、代表处，以及销售经理、门店和促销员，才能让大家有明确且能够接受的目标，并为目标努力奋斗。

除了销量目标，还有利润、收入等目标，这些目标都与经营损益强相关，比如前文提到的产品经营损益，实际上也是总目标，同样需要做进一步分解。分解这些目标的时候，注意不能"一刀切"，因为不同的市场、渠道，利润空间和销售价格等都存在差异，因此要区别对待，综合分析不同市场的情况，制定相应的利润目标、收入目标等，注意将这些小目标整合起来后必须保证总目标的达成。

（3）定产品组合。一般情况下，产品组合可分为"项目内组合"和"项目外组合"。项目内组合通常指一个项目内有多个产品版本，企业可以在不同的时候选择不同的版本，比如产品A，根据性能配置分为A1、A2、A3版本，那么A1、A2、A3在各个市场的组合就是项目内组合；项目外组合通常指某个项目的产品与其他项目产品的组合，比如A属于高端旗舰产品，B属于中端明星产品，那么在市场上，A和B的搭配就是项目外组合。

为什么要定产品组合？主要基于两方面考虑：第一，消费者的需求考量。目前，消费者需求呈现多样化，产品大都有多个上市版本，比如手机。为了满足不同消费者的需求，某品牌的一款手机M60上市时，有Pro版本、Pro+版本、Pro Max版本等，这些版本的内存不一样，其他参数也有差异，因此可以很好地满足消费者的不同需求。第二，竞争关系考量，一般情况下，如果一款产品只有一个版本，那么它的价格档位所能覆盖的范围有限，难以同时满足低消费能力和高消费能力者的需求，如果竞争对手的产品价格档位覆盖范围更广，那么消费者选择这款手机的概率就会降低，导致其在竞争上处于弱势。

在实际的商业案例中,各个行业都有产品组合。比如某品牌手机,最早的时候只有一个标准版本,最多在颜色上有所区别,后来依次出现了Plus版本、Pro版本、Max版本,再后来同时出现了标准版本、Plus版本、Pro版本、Pro Max版本,不同版本的手机,价格也有多种档位,这样能够覆盖更多的购买人群,更具竞争力。

制定产品组合需要结合目标市场、消费者需求、竞争格局和渠道情况等,在此以市场类型为例进行说明。根据不同价格档位市场容量的不同,可以把市场类型划分为橄榄形、金字塔形、哑铃形和倒三角形(如图2-3所示)。

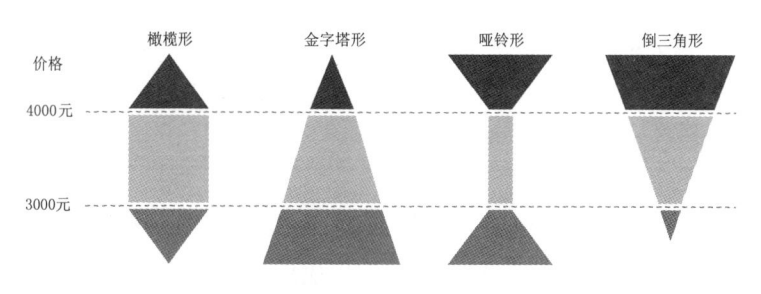

图2-3 市场类型

市场类型还有很多其他划分方式,这里主要讲如何根据不同的市场类型选择不同的产品组合,假设某系列产品有三个版本:

M1、M2和M3，价格分别是5000元、4300元和3500元，针对不同的市场类型，企业应该投放哪个版本的产品？在橄榄形市场中，初步判断应该优先考虑M3，因为在橄榄形市场中，处于中间价格档位的市场容量最大，并且刚好匹配M3的价格。当然，我们还要考虑M3的产品定位，以及企业在橄榄形市场中的用户基数、渠道能力等情况，最终做出判断。每个市场类型中都有市场容量很大的价格档位，但企业在这一市场的这一价格档位不一定有竞争力，并且如果短期内企业也不想投入大量精力争取这部分市场份额，那么可能不会做出投放的选择。因此，制定产品组合需要对许多因素进行综合考量，确保产品组合的合理性，而不是单靠某一个因素。

（4）**定产品价格策略**。在产品定位中，我们提到过要明确产品价格档位，那么为什么在该阶段还需要定产品价格策略呢？实际上，在读完本书后，大家就会发现"产品价格"贯穿了上市的整个过程，甚至是退市。因为价格是一个影响购买决策的重要因素，也是衡量企业经营成败的重要指标。企业要持续关注价格和制定优化价格的策略，以确保产品具有竞争力，以及达成企业经营目标。

明确价格档位是制定价格策略的前提，一款产品首先要明确其价格档位，这是概算经营收入和定位竞争目标的重要依据。那么确定好价格档位是否就足够了？答案是否定的。明确价格档位后，企业还需对价格进行进一步细分，比如按照产品的不同型号制定价格，这个价格包括但不限于零售价、各个渠道的出货价、海外的FOB（Free on Board，船上交货价，也称离岸价，是国际贸易中常用的术语之一）等。另外，企业还要基于产品上市周期制定初步的价格策略，如上市时的价格、销售中期的价格等。价格策略中包含了对定价范畴的考量，定价范畴一般包括"档位组合定价"和"档位内定价"。接下来重点讲"档位内定价"。

在制定"档位内定价"策略前，首先要明确定价目标。定价目标指企业通过产品定价想要达到的目的，是企业经营目标在产品价格上的反映，同时也是定价策略和定价方法的依据。企业应根据经营目标、市场环境（含行业情况、竞争等）、产品特性等因素确定定价目标，定价目标一般可分为"以利润为导向的定价目标""以生存为导向的定价目标""以销售为导向的定价目标""以竞争为导向的定价目标"。明确了定价目标以后，企业可以根据自身经营模式等情况选择相应的定价方法。

一般情况下，有成本定价（如成本加成定价、目标收益定价、边际成本定价）、竞争定价（如随行业就市定价、主动竞争定价、招投标竞争定价、拍卖定价）、消费定价（以消费者的价格理念来定价，也称为"消费心理定价"，如认知价值定价、需求差别定价、逆向定价）三种定价方法。这三种定价方法各有优缺点（如表2-1所示），在实际产品定价中，笔者建议采用不同定价方法相结合的方式，以保证价格的合理性。

笔者曾辅导过一些完全依赖成本定价，忽视了其他定价方法的企业，导致企业在市场中非常被动，几乎没有任何操作价格的余地，同时也导致销售策略的制定失去了一定的灵活性。每个企业的情况不一样，企业要结合自身的实际情况制定价格（比如品牌影响力、渠道能力、产品竞争力等）；同时，还可以通过一些方式验证价格的合理性，比如线上或线下调研。

表2-1 定价方法优劣分析

序号	定价方法	优势	劣势
1	成本定价	（1）比较简单； （2）可以保障企业的经营指标，特别是利润率指标的达成。	（1）不一定符合消费者的预期； （2）不具备竞争优势，甚至有较大的劣势。

续 表

序号	定价方法	优势	劣势
2	竞争定价	(1) 与竞品相比,具有竞争优势; (2) 消费者更愿意购买。	经营指标达成的难度可能会增加,不一定能满足企业要求。
3	消费定价	(1) 符合消费者预期,消费者愿意购买; (2) 与竞品相比,具有一定的竞争优势。	经营指标达成的难度可能会增加,不一定能满足企业要求。

除了定价方法的组合,价格策略还要与产品组合相结合,这两个环节之间不是孤立的,不同版本的产品在不同市场,销售价格可能有所不同,这些都需要体现在价格策略中。同时,制定价格策略还要结合销量目标,因为价格高低会影响销量多少。影响定价的因素有很多,除了成本、费用,还有渠道利润、产品组合、市场竞争等。因此,制定价格策略是一项复杂的工作,要综合考虑许多因素以保证价格的合理性,保证价格在满足企业经营需求的同时也满足目标消费者的需求。

(5)**定上市节奏**。产品的上市节奏关系到研发与市场等相关部门计划的制订,因此,相关部门要在早期达成共识,锚定一个目标时间点,避免因目标时间不清晰,导致相关工作计划难以制订,甚至影响整个项目的进度和结果。

很多人认为把控上市节奏很简单，不就是确定上市销售的时间点吗？其实这是一种误解。笔者在实际辅导过的企业中遇到过以下几种上市节奏：第一种完全由研发说了算，研发认为产品什么时候开发完什么时候上市；第二种是供应链说了算，上市时间由供应链提出和确认；第三种是代理商或经销商说了算，他们想什么时候上市就什么时候上市。

其实这些做法与企业的运作模式息息相关。合理情况下，产品的上市节奏应该由市场主导；市场需要根据多方面的要素确定产品的最终上市时间，并具体到产品的每个版本，因为不同版本的产品会覆盖到不同的市场或不同的渠道，所以上市时间也可能会不一样，这也给研发的开发计划排期提供了重要信息。

那么，制定上市节奏通常要考虑哪些要素？这里介绍一下**"上市节奏制定关键五要素"**：市场销售节点、行业重点节点（如核心展览展会等）、竞品上市节点、产品开发周期、供应链的供货周期。我们都知道，产品上市必然会受到开发周期的影响，但是产品上市节奏并不能完全依赖于开发周期，更重要的是满足市场需求，关注市场的热销节点和容易引爆声量的节点。错过了这些节点，产品很可能会石沉大海，或者需要投入更多的资源才可能达到企业想要的效果。另外，这里还需要注意，有些产品（比如手机等电子消费品）可能还会受到渠道（如运营商）的采购招标和准入等周期的影响，因此这些产品的上市节奏就需要考虑渠道的情况。

除了上述五要素，还有其他要素，比如市场组织的操盘能力、老产品的退市情况、供应链的产能、关键物料的供应周期等，都会制约产品上市节奏。因此，产品上市节奏也是通过对多因素的综合分析后制定出来的。

做好渠道和零售方案

每个企业的组织划分不一样，有些企业可能没有单独的渠道或零售组织。因此在这一节，我们把渠道和零售方案放在一起介绍。

本书所讲的渠道，指的是从品牌方到店铺之间的环节，包括各级代理和分销商、线下关键客户（Key Account，KA）、各电商平台、新媒体平台等，其中零售指的是从店铺到消费者的环节（如图2-4所示）。

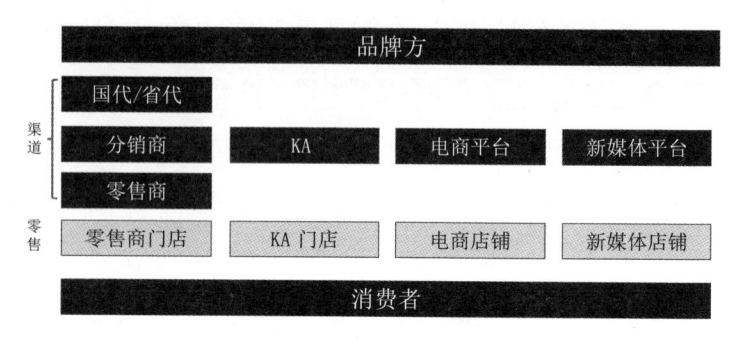

```
                    品牌方
渠   ┌  国代/省代
道   │  分销商        KA       电商平台    新媒体平台
     └  零售商

零售   零售商门店   KA门店    电商店铺    新媒体店铺

                    消费者
```

图2-4 渠道与零售关系

因此,渠道和零售方案涵盖了从品牌方到消费者的所有环节,包括渠道与客户选择、渠道政策与活动规划、零售的人货场。

(1)**渠道与客户选择**。企业的渠道有多种类型,包括直营、大客户联营、电信运营商(部分行业特有,比如手机)、KA、代理商、分销商、零售商等,覆盖了线上和线下。产品生产出来后如何选择渠道以及渠道中的客户至关重要。在对核心市场布局后,企业还要基于核心市场选择关键的渠道,比如KA,国内有苏宁、顺电、家乐福等,KA有全国性的也有省级的;国外也是如此,有覆盖欧洲的KA,也有每个国家独有的KA。

选择不同的渠道组合与产品后续覆盖计划强相关。比如有些产品适合全渠道覆盖，有些产品只适合在部分渠道推行。选择渠道时，企业要考虑渠道的等级、渠道的组织能力和运营能力等。高端产品该在什么渠道销售，中低端产品又该在什么渠道销售，需要根据实际情况加以分析。因此，渠道和客户的选择与产品定位息息相关。明确重点渠道和客户，相当于进一步细化了作战阵地，有利于提前开展各项准备工作，包括但不限于目标分解、产品拓展、政策制定和资源获取、合作活动规划等。

（2）**渠道政策与活动规划**。选择完渠道和客户后，企业要基于不同的渠道制定初步的政策和联合活动方案，以便后续开展渠道产品拓展时，可以与对方深入沟通。渠道政策涉及多个方面，比如返利、价保（价格保护，通常指品牌方价格变动时，给已经出货而未售的产品以厂商价格）、临时激励、活动激励等政策。

渠道活动规划一般指企业与渠道联合开展的活动，这些活动分为品牌方主导和渠道主导。不同的主导方制定的活动细节会有不同，资源投入策略也会不同。因此，在做活动规划时，需要明确活动目标、主导方、活动范围和规模、核心资源投入、活动的时间和地点、对渠道的诉求（比如渠道主推）等各项内容。

（3）零售的人货场。在零售层面，需要解决的是将产品交到消费者手里的"最后一公里"问题。这也是一个非常重要的环节，企业和各门店需要对"最后一公里"的达成做好准备。人、货、场是消费者能够直接接触和感受到的，企业必须站在消费者的角度进行安排。

首先是"人"，重点是人员的配备、目标的分解、临时激励的设计和培训的落实。企业要做到让人动起来，懂得如何卖产品、愿意卖产品，以及能够将产品给消费者带来的价值利益点更好地展现出来，以实现产品交易。

其次是"货"，这里的货包括了产品本身和门店中的展示物料（含电子物料，如电商的海报、头图等）、演示道具、氛围物料、赠品等。企业要重点考虑门店的选择，物料、道具等的制作和展示，以及物料到达门店、直播间的时间，等等。

最后是"场"，企业要针对消费者进店前和进店后进行场的设计。在消费者进店前，企业要吸引消费者的眼球，让消费者路过时就能快速捕捉到感兴趣的信息，从而愿意进店。消费者进入门店后，企业要让消费者有购买欲。此时，场景化的设计要能很好地展现产品的价值点，让消费者直观地体验到产品，从而产生产品超出其期望的认知，最终使之购买产品。

场的设计还包括了活动，用门店活动吸引消费者、引导消费者购买产品也是非常重要的场景设计。此外，场的设计跟人和货强相关，促销员（人）的讲解要结合场所提供的内容，而场的内容又离不开货的设计。

综上所述，在设计人、货、场的时候，企业要基于消费者购物时的行为和心理考虑，从场景化的角度出发，把人、货、场的核心内容结合在一起，这样才能够起到好的作用。

上述就是制定产品销售方案的核心内容，接下来介绍如何制定产品营销方案。

制定产品营销方案

首先，我们需要明确本节提及的是广义的产品营销，有些企业称之为"产品传播"或"品类传播"。产品营销方案的内容主要包括五个方面：明确营销目标、做好产品的卖点包装、明确营销主旨创意、制定传播方案和计划、规划营销物料。

明确营销目标

前文提到了间接经营性目标，如品牌知名度、品牌美誉度、TOM、NPS、产品传播的声量等指标，这些指标通常要在制定营销策略和方案时明确。有了营销目标，才能知道传播方向和任务。不同项目的目标存在差异，企业可以根据实际情况确定。但是营销目标一定要与项目有较强的相关性和具有可衡量性，不能为了设定目标而设定目标。这里设定的目标指的是企业整体的传播目标，当具体到某一个传播活动时，还需要进一步细化，这样才具有可执行性。

做好产品的卖点包装

做好产品的卖点包装指的是挖掘产品的差异化特性，将其转化成消费者关注的利益点，用消费者能够明白的语言表达出来，同时利用场景化的演绎，让消费者直观地感受到产品，从而购买产品。这是一项专业的工作，会涉及许多材料，包括但不限于产品讲解材料、产品利益价值分析（Feature、Advantage、Benefit、

Evidence，FABE）等。产品卖点包装有两个核心点，**一是要让产品看起来很厉害，二是要让消费者觉得值得拥有。**

产品卖点包装还可以为传播内容的制作提供信息，同时它也是内部交流和对客户讲解产品时的重要依据。通常情况下，在产品开发早期就需要考虑产品的卖点包装，这样工作人员才能更好地理解产品，提炼出更好的内容。相关领域也可以达成一致，避免出现不同的传播方向，导致呈现在消费者面前的信息杂乱无章，影响销量。企业只有做到"力出一孔"，将核心信息点贯穿始终，才能打造出爆品。

明确营销主旨创意

营销主旨创意在不同企业可能会有不同的叫法，指为产品营销项目设计总体的营销主题，以及产品传播活动的故事线，同时还要规划传播节奏，等等。这部分的工作通常需要花费较长的时间，主要是因为影响因素较多，比如参与审核活动核心主题、广告语、广告创意画面等内容的环节和人员过多，涉及品牌、零售、电商、工业设计、研发以及CEO等，各方意见难以达成一致，需要花费大量时间进行讨论和决策，导致后面的环节（如修图、出图、延展和打样等)受到影响,为了避免延误"作战"时机,最后执行时为了求快,只能草草了事,导致交付质量打折等问题发生。营销主旨创意既可以为后续的传播物料如主视觉(Key Visual,KV)、电视广告片(Television Commercial,TVC)提供重要信息,以及为各门店提供对外宣传的延展物料,等等,也可以为前面提到的人货场提供信息。在这个环节上企业不应太过纠结,建议不专业的人员不要发表太多意见,让专业的人做专业的事,这样既可以提高工作效率,还可以保证后续的交付质量。

制订传播方案和计划

明确了产品传播活动的概念和故事主线后,需要制订相应的传播方案和计划,包括传播的节奏、主题、平台、内容、资源以及产品发布的方案等,这里有几个需要特别注意的点。

(1)在制订传播方案和计划时,要考虑多种传播形式。线下发布会、直播、关键意见领袖(Key Opinion Leader,KOL)传播、媒介投放等,这些传播形式的选择与目标人群、传播目标、传播内容等强相关,企业要在综合考虑后统一制定传播方案。明确了传播形式后,企业还要进一步细化具体方案,比如通过KOL传播时，要考虑到KOL分不同的类型，有流量明星、UP主、专业主播等，如何选择KOL等都需要在传播方案中做出详细规划。

（2）**在制订传播方案和计划时，还会涉及媒体阵地的选择。** 不同媒体阵地覆盖的人群不同，需要结合目标人群、传播目的、传播内容等进行选择。比如户外广告牌的地点有机场、高速公路、地铁、商圈、公交站等，选择在哪里投放需要结合实际项目讨论；电子媒体平台有传统的垂直门户、社交媒体、新媒体等，不同平台覆盖的人群不同，企业的选择也不同。

（3）**传播方案一般要有周期性和一致性。** 周期性指传播方案不止应用于某一个时间点或者活动，比如只准备了一场发布会，没有后续活动规划和内容，这样会导致发布会后产品声量减弱，影响产品传播效果和销量。一致性是为了在消费者心中塑造鲜明的品牌形象，让消费者印象深刻。如果频繁变换传播内容，消费者可能什么也记不住。因此，如何制订好传播方案和计划关系到传播的最终效果，企业需要综合各种信息深入分析，得出合理的传播方案。

另外，在传播方案和计划制订的过程中还涉及营销预算的规划与投入（在分析产品损益时，企业就要进行营销预算的规划，此时是对营销预算进一步细化）。营销预算的使用和管理非常关键，企业要确保将有效的资源投到关键点上。同时，企业要基于传播方案和计划去沟通和锁定相关资源，确保产品上市时有相应的资源投入，保障产品的曝光度、声量以及转化率等。传播方案和计划需要与"销"的节奏相结合，同时还要与电商、零售等领域同步，确保传播节奏、传播内容等的一致性。

规划营销物料

完成了传播方案和计划的制订后，企业就明确了所需的营销物料（包括电子素材、实物等），以及这些物料的交付时间，就可以比较全面地规划营销物料。一些比较成熟的企业有基本的物料清单，会根据产品的重要等级规划所需的营销物料。如果企业在明确营销主旨创意的时候就有了初步的营销物料清单，那么此时可以根据传播方案对营销物料进行调整，这样做避免了由于物料规划启动时间太晚，部分物料来不及制作影响后面环节的问题。为了提升资源的利用率，在规划营销物料时，通常需要与相关人员沟通和确认，尽可能避免多头制作，确保交付时间。

第三节　产品操盘方案实施

有了产品操盘方案，后面的核心就是落地实施方案，保障产品成功发布上市。实施阶段的主要内容包括产品拓展、产品要货与分货、产品传播与发布准备、产品零售首销准备、产品服务准备。

产品拓展

产品拓展指为了扩展产品的市场覆盖广度和深度进行的商业开拓活动。产品拓展主要面向ToB业务，以产品为基础向客户阐述和呈现产品的主要特性以及相应的市场推广资源投入和策略等信息，提升客户对产品的认知度和购买欲，促成产品入围客户的采购框架，并获得政策支持。产品拓展的目的是让更多的客户了解、认可，并愿意推广和销售企业的产品。

产品拓展一般分为两类：第一类是以技术为核心的交流拓展，也称产品技术交流，主要用以宣传产品优势，加深客户对产品的了解，同时预埋竞争因子，引导客户产生需求。企业因此获取行业需求，制定软、硬件等产品解决方案。这类产品拓展一般面向运营商、行业伙伴、政企客户等。

第二类是新产品上市拓展，也是本节主要讲述的产品拓展类型，指的是告知客户新产品信息、上市节奏、初步操盘方案等内容，并听取各方建议，再结合产品信息和历史合作情况制订合作计划，与客户签署相关协议，提前锁定客户的资金、人员、流量等资源。

新产品上市拓展中一个比较重要的内容是产品拓展包，一般包括市场大盘洞察、企业竞争实力、品牌影响力、产品基本信息（价格档位、基本配置等）、产品卖点讲解、资源投入、上市规划及客户的利益价值点等内容。产品拓展包可以让客户充分了解企业的产品，提升他们对企业的信心，因此需要提前做好准备。在进行产品拓展前，要结合渠道和客户选择的方案，制订相关产品拓展计划，按照计划开展工作，确保客户的合同订单能够快速签订和下达。同时还要跟进研发人员，做好产品准入测试等工作，保证产品能够及时和顺利上市。

产品要货与分货

产品的要货量和实际发货量这两个要素非常重要,关系到产品经营成败。前文讲到的销量目标通常指产品在生命周期内的全部销量,也就是从产品上市销售开始到退市的总销量。但是,产品的生命周期可能很长,一般在12～18个月,有些产品的生命周期甚至有好几年;因此,客户不可能一次性要走所有货物,而是根据市场的实际情况滚动要货。

因为生产产品需要一定的时间,所以一般情况下企业都会按照生产期和规则进行滚动要货预测,以预测数据作为供应链领域备料、备货和排产的重要依据。此时对要货的准确性要求较高。要货是一门技术,要多了,卖不掉,就会成为库存,占用资金;要少了,不够卖,消费者抢不到货或等不及可能会转向竞争对手,等货物再次补上,可能已经错过了销售需求旺季。因此,做出合理的要货预测非常重要,需要结合销量目标、企业的要货规则(比如整个滚动的销售期约为13周,其中前6周的要货量不能变更等),以及其他要货预测信息,等等,这样才能保证要货预测数据满足业务和企业的运营需求。

除了要货，分货也十分重要（有些行业或产品可能不存在分货的概念）。分货指在货物不充足的情况下，企业根据一定的原则，按比例给各渠道或门店分配货物。分货量一般少于或等于渠道或门店之前提出的要货量。特别是产品刚开始销售的时候，产品的生产产能以及良品率比较低，处于爬坡期，在这个时间段内，产品供货往往是不足的。当然，也不排除品牌方为了炒作，即使货物充足，也实施了分货策略，利用"饥饿营销"，人为制造缺货假象，引发消费者抢购，形成热销的景象。

分货会影响供应链的排产和发货计划，因此要尽早实施，特别是首批即首销期产品的分货，避免产品上市销售受到影响。

产品传播与发布准备

产品传播与发布是"营"领域的核心内容，制订好前文讲的产品传播方案和计划后，企业要及时执行，确保产品发布顺利进行，以及后续工作的及时开展。

这个阶段要重点落实以下四项核心内容：

第一是传播素材的交付，包括产品图、电视广告片、新闻稿、评测指引、产品网页、发布会材料、新媒体传播素材等。企业通常会根据使用的先后顺序对这些传播素材进行排期，并分批交付，它们是开展后续工作的基础，大部分还需要经过二次延展和本地化二次制作，这些都会耗费时间。因此，传播素材需要按时保质交付，否则就会影响后续工作开展，特别是一线部门的工作。传播素材的交付是重中之重，如果企业的主要市场在国内还好，因为国内资源比较齐全，传播素材进行二次延展速度比较快；如果企业涉及海外市场就会比较麻烦，因为国外市场资源相对缺乏，执行力较弱，组织资源保障也不足，可能会导致传播素材的二次延展和本地化制作受到严重影响。

第二是传播资源的锁定，包括但不限于媒体广告位、品牌合作资源、平台资源等。锁定传播资源就是确保产品上市时，相关资源已准备到位，可以随时使用。在竞争激烈的市场环境下，好的广告资源都会比较抢手，一不留神就被友商抢走了，因此传播资源需要尽早锁定。比如机场里一个显眼的广告位，高端大气，曝光量很好，并且能够很好地覆盖目标人群，若因为内部决策等原因错失机会将十分可惜。

锁定了各种传播资源后，企业一定要及时确认传播素材的可用性，提前准备好符合要求（比如产品尺寸、图片分辨率、视频时长）的相关素材，避免上架后才发现传播素材不可用，这时就来不及了。

第三是预热准备。在产品发布之前，为了让发布会受到更多关注，企业需要对产品进行预热传播。有的预热传播时间比产品发布时间提前一个月，有的提前两周甚至一周，关键是要基于市场情况进行分析，以有效的方式引起消费者的关注和讨论，持续提升热度；到产品发布时，引爆热度，制造极高的声量，让影响范围尽可能广泛。通常，在传播方案和计划中就包括了预热方案，此时的重点是细化预热方案和执行计划，并落实好预热排期和内容。注意，企业要区分官方发布的和非官方发布的预热内容，避免造成麻烦。

另外，预热传播中有一种常见的方式，叫"泄密"，泄密分为主动和被动。主动泄密是企业主动通过各种媒介向外发布信息，这些信息不一定是真实的，主要是为了引发消费者的关注和讨论，主动泄密是有规划的预热。另外一种泄密则是被动的，在一些消费者和友商都非常关注的行业，比如手机行业，经常会出现真实信息泄露的情况。这个时候，企业往往会放出一些假消息混淆视听。虽然这种情况下信息是被动泄露的，但也起到了预热的效果。

第四是准备产品发布会，发布会是产品上市过程中的一个大活动，需要投入的资源较多，一般只有旗舰产品才会开发布会，当然也有地区性质的小型发布会。发布会是一个很好的塑造产品品牌的场合，它的筹备时间往往比较长，从场地选择到方案制定，再到场地搭建和最终发布，一般需要四五个月。

产品发布会涉及的内容很多，一般有三个核心内容：其一，搭建与布置场地。发布会方案制定阶段通常已经把场地设计方案做好了，此时要进行场地的搭建。企业要布置好相关体验场景，确保发布会观感和效果良好。其二，邀请参会人。邀请哪些人员参加发布会非常重要，因为参会人会将发布会的内容传播出去，影响产品曝光程度和声誉。一般情况下，发布会的邀请对象有媒体、客户（粉丝）、其他嘉宾等。其三，设计发布流程及准备讲解材料。企业要做到让到场的观众获取有价值、有意义的信息；发布会结束后，媒体愿意传播，渠道客户愿意推销，消费者愿意购买，使发布会的效果最大化。

产品零售首销准备

这里所讲的产品零售首销准备包括电商和线下零售的人员、物料（货）和场的准备。

第一，人的准备。前文提到了对工作人员的激励和培训等，这个阶段就是落实这些工作，其中有几点非常重要：(1) 根据各门店的销售目标配备销售人员，确保销售人员满足销售要求，比如电商店铺中售前、售中、售后人员的配备，避免给消费者带来不好的购物体验，比如因门店缺人接待不及时等。(2) 将销售目标分解到个人，结合激励机制，提升销售人员卖产品的意愿。(3) 做好培训，让销售人员知道如何讲解产品、演示产品，懂得如何识别消费者以及快速吸引消费者的兴趣，引导消费者购买产品。

在实际工作中，一些门店的销售人员对产品不熟悉，讲不出产品的核心特性，并且缺乏主动性，导致消费者的体验不好。笔者曾在电商平台浏览过某品牌的新款手机，因为在电商平台的产品图片中看不出该手机摄像头盖板的颜色（产品图片因反光导致颜色失真），于是笔者就找到客服咨询，但客服始终无法给出明确的回答，说自己也只有这张产品图可以参考，这让笔者感到很无奈。最终，通过品牌内部工程师，笔者才了解到该手机摄像头盖板的颜色。对消费者来说，这是一次非常不好的购物体验，甚至会导致消费者不再购买该品牌的产品。因此，企业在人员培训方面一定要做好充分的准备。

第二，物料的准备。首先是销售产品的到货跟进和铺货等；其次是陈列和展示物料等，特别是线下物料基本都是实物，涉及设计、打样、签样、下单采购、发货、门店铺货等，环节特别多。但凡有一个环节出现问题，都可能影响上市，因此需要特别关注。

对电子产品来说，线下零售门店里面的陈列展示和演示道具非常重要，它们能够让消费者直观地感受到产品特性和价值点。比如手机的展示，有些厂家会设计拍照道具，让用户体验手机的拍照功能；或者设计把手机浸泡在水箱里的场景，让消费者直观地感受手机的防水功能。

物料的准备工作对于电商来说比较简单，毕竟大部分是电子物料，修改起来比较容易。除了制作周期，物料的内容也需要特别关注，要保持线上和线下物料内容的一致性，避免信息矛盾、冗杂。除了展示陈列物料，产品配件的准备也非常重要。产品是人人追捧的主角，而产品的配件经常会被遗忘。我们巡查门店的时候会发现一些相关物料没有到位、只能临时追踪物料的情况，这就表明准备不够充分。

第三，场的准备。在规划零售方案时，企业对场景已经进行了初步设计，此时需要进行场景改造、搭建和装饰等工作，比如产品摆放位置、用户体验区、演示区的重置。对于手机等小型电子产品来说，场地调整范围较小；但是大型产品如汽车、家电等，场地调整范围较大，要腾挪空间，甚至改造门店等，以保证新品按时上市。

同时，企业还要做好新品展示材料在线下的露出，也叫门店"换装"，线下和线上的"换装"要同步进行。新品上市，场的准备至关重要，其中涉及很多细节。有时领导前往门店巡查时会发现物料展示、门店布置等和原来的设计大相径庭，这是因为工作人员在执行过程中进行了变更或者根本就没有按照设计来执行。导致这种情况发生的因素有很多，但无论是什么，都会影响品牌呈现效果的一致性。

如果执行落地很困难，工作人员应该及时反馈，让相关部门修改，而不是置之不理或者自己简化实施，一定要保证品牌展示效果的一致性。也许有人觉得，只有一家店不一样没关系，但是人人都这样想，最终就会导致不良后果。

企业要保证人、物料、场的和谐统一，给消费者提供良好的购物体验。

产品服务准备

在很多企业中，服务环节相对比较独立，"营"和"销"的部门与服务部门联动较弱，导致产品在上市准备时忽略了服务的准备。服务的准备包括服务部门人员培训、备件准备，以及服务配套物料的准备，等等。通常容易忽视的是服务部门的人员培训，企业可能会对人员进行产品拆机等培训，但是忽略了服务热线人员（有些企业称为call center）的产品知识培训，以及"营"和"销"活动内容、权益等相关信息的同步。

消费者有时会遇到打电话给企业咨询相关活动而服务热线人

员一问三不知的情况,这通常是由信息不同步导致的。另外,企业还要维护服务门店的形象,现在的服务门店与过去只有维修功能的服务门店有很大区别。提升服务门店的形象就是提升企业整体形象,也是提升企业整体作战能力,让消费者更加信赖企业,增强消费者的满意度和忠诚度,这也正是在IPMS中纳入服务的重要原因。

除了上述的产品操盘方案实施,在产品发布上市前,企业还需要进行竞争审视。企业在产品立项时就进行了市场洞察和分析,过程中也在不断根据市场情况进行策略调整,到了产品即将上市时,为了确保万无一失,仍然要进行市场竞争审视。一方面是因为之前的市场调查已经过去了较长时间;另一方面是因为当前市场中可能存在其他变数,包括竞争对手的一些新做法。

同时,为了产品能够成功上市,企业务必在上市前进行一次全面的准备评估,衡量上市风险,及时发现问题,解决问题,提升产品上市成功率。

—— 第3章

IPMS之生命周期操盘

第3章　IPMS之生命周期操盘

上一章讲述了产品上市操盘，即产品在发布之前的所有市场活动。企业进行全面的推演和准备，就是为了让产品成功上市。接下来将重点讲述产品生命周期操盘，这里的"生命周期"指的是狭义的生命周期，即从产品发布、发布后到产品退市，包括预热期、首销期、销售稳定期和退市期。生命周期操盘是达成项目目标、保障产品市场成功的重要因素。

第一节　做好上市，引爆首销

前文讲述了产品的上市准备，可以说做到了"万事俱备"，只等上市的"东风"开启行动。产品上市和首销一般分为四个阶段：预热引流、发布&预售、首销开售、首销复盘。

预热引流

在第二章"产品传播与发布准备"一节中，我们讲过预热主要是为了引发消费者关注，引起讨论，进一步扩大产品的曝光量，提升影响力，同时占据消费者的内心。那么，预热的关键点有哪些？

第一，发布的内容要新颖、质量高。主要体现在以下方面：

内容的吸引性：发布的内容要能够引起目标人群（含媒体）的关注。

内容的话题性：发布的内容要能够引起话题讨论。

内容的相关性：发布的内容要与产品有关联，可以作为正式发布的铺垫。

第二，预热发布要有周期性和连续性，不能只发布一次就没有了后续，这样很难在消费者心中激起浪花。一浪接一浪地造势，才具有更大的势能。

第三，发布渠道要有效覆盖目标人群，达到传播目的。比如通过线上平台发布，或者通过线下海报发布，包括但不限于机场、商圈、门店形象位等。

在预热阶段，可以通过"泄密"某项技术、产品外观等各种方式进行预热，甚至借助社会热点引发讨论。预热的内容可以通过文字、图片、视频等形式发布，企业要根据不同项目的目标以及预算综合分析。

需要特别注意，预热开始后，企业务必时刻监控线上舆论和话题。首先是关注热度，观察是否达到了预想的目标。企业可以与过去的相关内容或者在不同产品间进行对比，了解实际预热效果（如图3-1所示）。其次是关注话题，看看大家讨论的话题是否符合预热的方向。当发现情况不对时，企业要及时调整策略，引导舆论。比如某手机品牌在预热时使用了一张产品虚拟图像，想借此引发消费者对产品的猜想。结果因为虚拟图像的一些细节没有处理好，消费者一致认为手机外观太难看，这就与企业设想的结果不一致，需要及时解决。

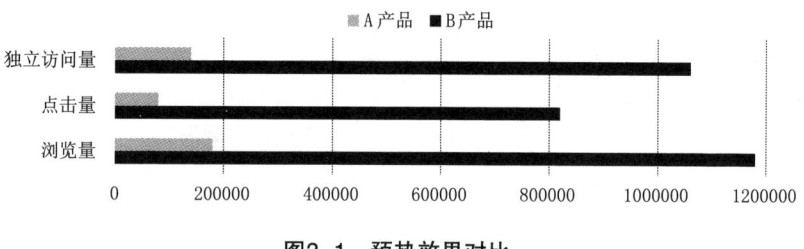

图3-1 预热效果对比

好的预热效果不仅可以引流和蓄客，还可以作为资源谈判的筹码。有时候，在预热阶段还可以拓展新客户，开展新的商业合作。预热的效果好，就可以增强客户的信心，让客户投入更多更优质的资源，助力产品上市，大幅提升产品的销量。对于新产品，特别是面向个人消费者的产品，建议企业在预算充足的情况下做产品预热。

发布 & 预售

通过预热，目标人群对产品的关注度已经提升到了一定的高度，此时选择合适的时机发布产品，引爆声量，是目前大部分企业的做法。有些企业会选择在线上召开发布会；但在环境允许的情况下，企业一般都会选择线下发布，因为线下发布更加隆重，现场的氛围更好，企业能够与参会人进行面对面的互动交流，同时，参会人能够在现场体验真实的产品。

召开发布会期间需要特别注意以下几点：

（1）发布会现场一定要在开会前一天全部搭建完成，并提前排练发布流程。

（2）要对发布会现场的产品做好安全保密工作，避免提前泄露。

（3）发布会之后，要及时做好户外广告牌和线上页面（包括官网和电商销售页面等）内容的切换，在手机行业，这一步叫"一夜换装"。线上与线下的物料更换需要同步进行，让消费者看到同样的信息，提升视觉冲击力和传播效果。

通过发布会引爆声量，可以让消费者在同一时间看到统一的产品信息，从而产生购买动力。当目标人群想要立即购买产品时，企业可以通过预售的方式留住这部分顾客。手机行业经常这样做，下午发布会结束，晚上消费者就能在线上进行预售抢购了。

预售其实是一种蓄客的做法。即使产品已经可以开卖了，采用预售模式也会让目标人群产生期待，同时也说明产品具有稀缺性。有些企业还会进行"先锋计划"，即让消费者提前尝鲜，或者通过快闪活动让一些忠实粉丝提前拿到产品，这种做法可以让粉丝感到被尊重和被特别对待。

一般来说，做好产品预售，以下五个工作不能忽视：（1）线下预售要确定好预售门店和时间点；（2）线上预售要做好店铺预约页面的测试工作；（3）做好线上线下的预售推广；（4）做好预售时的客户疑问解答工作；（5）控制好预售节奏，比如很多产品的线上预售产品只能在固定的时间点抢购，这样既能维持消费者的关注度，又有利于维持产品热度，提高销量。

首销开售

首销开售一般指在一定范围内开始发售产品的现货。首销的战略意义非常重大，企业要格外重视，特别是开售首日，它是整个首销的重头戏。首销的重要意义主要表现在以下几个方面：

第一，经过了预热、预售后，销售的势能已经累积到了非常高的程度，此时开始销售现货能够极大地吸引顾客，鼓舞销售人员的信心，提升他们的积极性。

第二，首销所覆盖的面往往比发布会更加广泛，特别是在线下，首销可以快速引爆市场，首销的热度能够辐射到更多的消费人群，并推动热度持续增高，进一步激发消费者的购买欲望，让产品销量迅速爬到高位。

第三，首销是促使产品销售快速进入高峰期的重要环节，在首销时投入大量资源进行传播，增加曝光量，可以积累大量势能，为后续销售做好铺垫。后续销售中，企业可能就没有足够多的资源投入，产品热度就会下降，并且很难再次创造产品热度，销量就会很难提升。

这也是企业非常注重产品首销的原因，在电子消费品行业，特别是手机等个人电子消费品，一般首销的热度和销售情况就能够比较真实地反映该产品整体的市场表现，因此就有了"首销即决战"的说法。

做好首销需要注意以下关键工作：

做好首销前的准备工作，包括人员、货物、场地等。(1)明确首销目标，将目标分解到各门店及销售人员。(2)明确首销区域、门店、核心目标人群等，并制定相应的首销策略（线上和线下）。(3)确认首销活动（线上、线下）方式，包括但不限于广告投放、包店、路演、线下门店排队、客户门店活动等，并进行开售前检查，确保万无一失。(4)将首销物料准备到位，包括演示机及各种道具等。(5)做好首销货物的备货和分货。首先，一定要备足货，避免消费者等待过长时间，错失销售机会；其次，要根据零售门店的铺货优先等级做好分货，通过分货合理平衡供需关系，持续制造热度，维持热销局面。比如线上优先官方门店，线下聚焦核心客户、核心商圈、核心门店，确保货物按时到位，避免核心门店不能销售产品，错失机会。(6)线上线下的营销方案（含价格、政策等），保持内容和节奏统一，协同开售。

做好首销期间的各项工作,包括但不限于:(1)做好销售接待。首销期间要特别注意消费者的接待安排,比如排队等秩序安排,避免因人员过多怠慢消费者,导致消费者体验差甚至投诉。(2)做好首销期间的营销传播。营销传播要有持续性,并与首销同步开展,通过对产品的创新体验、创新服务、创新配件、开售现场热销情况等的持续报道,引发目标人群关注,为热销造势,全面引爆产品,提升品牌热度,进一步提升销量。(3)做好销售监控,特别是开售首日,企业要及时总结各渠道和门店的销售达成情况以及出现的问题等,为后续优化销售策略提供决策依据;此外,还要做好首销期的销售价格监控和管理,结合供需情况,及时平衡产品价格,避免价格过高或者过低。首销期的销售监控、总结和分析工作一般都要按天进行,因为首销期最为重要和宝贵,企业要及时发现问题,快速响应市场需求。

首销复盘

一般情况下,产品在大部分市场开售约一个月时,企业需要进行首销复盘。首销复盘实际上是更大范围和更全面的首销监控,开展首销复盘主要有两个目的:第一,审视过往策略和方案执行情况，为后续策略优化提供参考依据，比如销售达成情况、传播效果、消费者反馈等；第二，基于现状分析及市场发展预判，制定后续销售方案及策略等。

首销复盘的内容一般从项目执行维度、业务效果维度等方面展开。下面我们将从关键要素、分析内容和主要衡量指标三项进行详细讲解。这些内容是笔者基于多个企业和项目的经验提炼而成，不同企业和不同项目在内容上可能有所偏差，在实际工作中，读者可以结合实际情况和自己的理解进行调整。

项目执行维度的复盘内容主要包括以下几个方面（如表3-1所示），通过复盘项目执行情况识别风险、发现问题，并以此制定后续应对方案，避免发生一些不必要的问题。企业可以通过复盘项目执行情况积累经验，为后续项目开展提供参考依据。此时的项目执行复盘主要覆盖了从项目启动到首销结束的阶段。

表3-1 项目执行维度主要复盘内容

序号	关键要素	分析内容	主要衡量指标
1	项目进度	（1）分析在项目开展过程中，进度把控是否满足要求，各事项是否按时交付； （2）分析项目的总体完成情况，是否按时完成了所有活动。	（1）项目交付及时率 （2）项目完成率

续　表

序号	关键要素	分析内容	主要衡量指标
2	交付质量	(1) 分析项目交付内容的质量, 比如物料的准确性、使用情况、使用效率等; (2) 分析项目中一些内容的评审通过情况, 包括一次通过率、二次通过率、内容合格率等。	(1) 错误发生次数 (2) 物料采用次数 (3) 一次评审通过率 (4) 内容合格率
3	预算执行	分析项目整体预算执行情况, 包括预算投入分析, 预算的执行与计划是否存在偏差以及产生偏差的原因, 等等。	(1) 预算执行率 (2) 预算偏差度
4	变更管理	分析整个项目过程中的变更情况, 有多少次变更（分重大变更、较大变更、一般变更）, 明确变更时间和造成的影响。	(1) 项目变更次数 (2) 重大变更次数
5	项目运营	分析项目中的管理情况, 比如项目例会、项目出勤、项目进度通报、项目预警、项目决策与评审等。	(1) 过程管理规范度 (2) 决策及时率

业务效果维度的复盘内容主要包括以下几个方面（如表3-2所示），主要是通过业务目标达成情况、对项目策略与方案的执行效果的分析和总结来识别问题和风险，建立投入产出基线等，为项目后续策略和方案制定，以及投资决策等提供参考依据，提升后续策略和方案的准确性和有效性。此时的业务效果维度复盘主要包括预售期和首销期。

表3-2 业务效果维度主要复盘内容

序号	关键要素	分析内容	主要衡量指标
1	项目直接经营目标	分析项目直接销售目标的达成情况,主要聚焦在预售期和首销期,比如销量、利润、收入等。	(1)销量达成率 (2)日均目标达成率
2	项目间接经营目标	分析项目营销指标的达成情况,如搜索指数、曝光量、报道量、点击率、第一提及率、品牌知名度等。	各项指标达成率
3	营销执行	(1)分析营销策略,及方案的执行情况,哪些完成了,哪些没有,以及完成效果和没有完成的原因; (2)分析营销传播带来的转化效果,包括ROI、流量转化情况等。	(1)按展示次数付费(Cost Per View,CPV) (2)互动率 (3)转化率 (4)单台产品营销费用
4	销售执行(含电商)	(1)分析渠道策略和方案的落地情况、各渠道的覆盖情况,以及各渠道的表现,包括但不限于进销存、价格、市场秩序管控等; (2)分析零售策略及方案的落地情况,包括活动开展情况、零售目标达成情况、各门店业绩表现等; (3)分析首销策略和方案的落地情况,包括量、价、货,以及首销活动的执行和表现情况。	(1)渠道覆盖率 (2)进店后转化率 (3)零售(Sell-out)达成率 (4)首销达成率 (5)预售达成率

除了上述内容,还有许多其他内容可以纳入复盘,比如市场反馈、消费者反馈、门店导购反馈、服务工程师反馈等,具体可以根据实际情况进行调整。

第二节 稳定销售期的精细化运营与管理

首销期之后,基本上产品在所有市场都进入了一个相对平稳的时期,通常称为"稳定销售期",稳定销售期不代表产品销量低、热度低,但销量也不一定高。这个时期的持续时间较长(不同行业可能不太一样,比如手机行业过去的稳定销售期为6~9个月,也有更短和更长的),属于产品销售周期中比较重要的阶段,对销售目标的达成起到了关键作用。因此,企业要重点做好稳定销售期的销售监控与管理工作,确保目标达成。企业可以从以下几个方面展开:

做好产品进销存管理

产品进销存是销售和运营领域的一组比较直观的指标,可以较好地展现产品整体的销售和运营情况。在项目的实际开展过程中,企业要通过这组指标及时调整销售策略,确保整个销售周期中销量的稳定性和持续性。进销存管理的核心是"量",企业要做好以下工作:

做好产品的滚动要货预测

在第二章关于"产品要货与分货"的内容中,我们讲到了在产品上市之前,企业要进行要货预测,特别是首销期的要货预测。在产品进入稳定销售期后,同样要进行要货预测。企业采用"滚动要货预测"的方式来制定要货需求,整个滚动的周期约为13周。其中前6周的要货量一般不能变更(称之为"锁定");后面7周的要货数据作为备货的参考值,按周实行滚动刷新。这种做法首先是为了保证产品的及时供应,其次是为了实施减少资源占用、降低呆滞库存风险的最佳供应计划。

实际工作会出现产品火爆但供应不足的情况,这往往是因为企业过于保守,对销售需求的预测不够乐观。但更多时候,企业会过高地预测销售需求,但实际销售却表现平平,导致货物积压在企业或者渠道的仓库,最后只能降价处理,甚至报废。不仅浪费了物料费用,还增加了资源、时间占用成本,给公司带来了巨大损失,是大家最不愿意看到的。因此,在实际工作中,准确预测要货量尤为重要。一般情况下,提升要货预测的准确性需要从销售基础信息数据、物料供应数据、市场宏观信息数据等几方面入手。比如结合历史产品销售数据、市场的出货口情况、关键物料供应商的出货情况（分析给不同对象的出货情况）、第三方销售监测数据等综合分析，再整合一线市场的销售需求，输出合理的要货预测，避免要货过少，供应不足，影响销量；或者要货过多，导致呆滞库存和资金损失。

做好动销监测与分析

在产品的实际销售过程中，企业要做好产品日销、周销、月销的监控与管理，将每个周期的实际销售情况与销售目标进行对比，识别异常情况，并深入分析找出原因，根据原因进行销售策略调整，确保销售的稳定性和持续性，保障销售目标的达成。如图3-2所示，产品的销量在降低，库存周转天数（Days of Store，DOS）则在增加，这或许就是一种警示，说明产品的销售情况正在走下坡路。这时，企业就需要关注哪些地方的销量降低了，原因是什么，以及哪些地方的库存周转天数变长了，库存积压是否过多，等等问题，通过深入分析调整策略，及时解决销售问题。

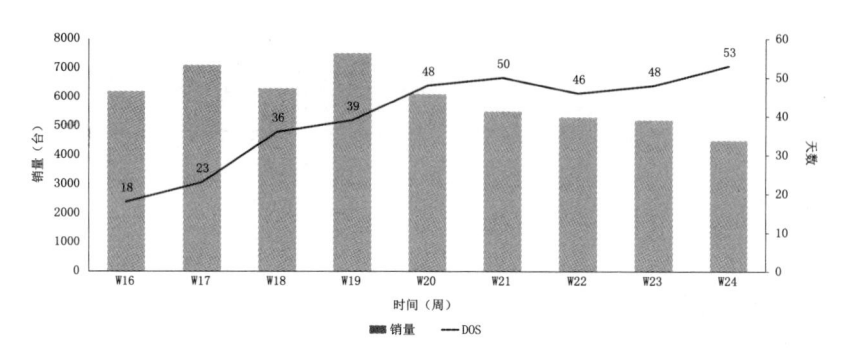

图3-2 销售趋势监控

如表3-3所示,这是某电商平台的一组日销数据。从数据的表现看,访客量、转化率、客单价等指标都在快速下滑,特别是转化率,这就需要企业逐一分析背后的原因,并基于此调整各项策略。

表3-3 某电商平台日销售数据

数据时间	第一天	第二天	第三天	第四天	第五天
访客量（人次）	2215620	1862920	1861150	1168290	986950
总销量（台）	126820	82610	92728	29880	18620
转化率（%）	5.72	4.43	4.98	2.56	1.89
客单价（元）	1021.5	986.1	852.5	826.8	781.2

做好库存管理

企业要基于要货预测和实销情况，对各个版本的产品进行动态库存管理，从销量预测、提货计划、通路库存等维度进行分析，同时监控库存周转天数，确保库存处于合理安全水平，减少缺货或者呆滞库存等风险发生。表3-4为某企业的销售库存监测与管理数据。

表3-4　销售库存监测与管理数据

产品版本	类别	3月	4月	5月	6月	7月	8月
版本A	销量预测（台）	—	416	1802	6400	7500	8000
	提货计划（台）	380	11450	28480	4550	4000	4000
	通路库存（台）	380	4970	32645	30800	27255	23300
	库存周转天数（天）	—	358	543	144	109	87
版本B	销量预测（台）	—	416	600	1220	1300	1300
	提货计划（台）	500	2720	3900	1690	—	—
	通路库存（台）	500	2340	5640	6156	4856	3556
	库存周转天数（天）	—	169	282	151	112	82
版本C	销量预测（台）	—	2368	3250	17790	25000	30000
	提货计划（台）	—	59040	73150	38080	5000	5000
	通路库存（台）	—	48000	117900	138200	118200	93194
	库存周转天数（天）	—	608	1088	233	142	93

做好产品价格管理

我们在第二章中讲到过产品定价,原则上,在产品上市前制定的价格策略和方案,上市后要遵照执行。但是市场瞬息万变,竞争因素等都在不断变化,因此价格也要随之变化。在产品进入稳定销售期后进行的价格管理,涉及整个产品价格体系的改变,包括各层级渠道的价格。

进行价格管理不是违反市场规律,更不是违反法律法规做事,而是基于竞争以及消费者反馈,深入了解产品的价格竞争力。比如通过分析,企业了解到某些产品销量不好的原因是价格不合理,那么企业就可以结合市场竞争情况,对产品的价格设计进行调整和优化。

价格管理方式复杂多变,需要在稳住周期性价格的同时保住销量,通过各种价格管理手段保障销售目标的达成。比如对于个人电子消费品来说,产品刚上市时至少要保证4个月的价格稳定期,否则在上市初期就购买了产品的消费者发现买了不到3个月产品就降价了,会对品牌产生不好的印象,甚至感觉自己上当了,认为这个品牌的产品不保值,造成品牌形象损伤,核心目标人群流失。如果产品上市后马上就遇到了强劲的竞争产品,在不立刻降价的情况下,企业该采取什么措施维持竞争力?一般来说,企业可以采取赠送优惠券、组合优惠、品牌联合、改变产品组合等多种方式。

价格管理主要包括"调价"和"维护价格秩序"。

调价

调价是为了维持产品零售销量,延长产品生命周期。调价的触发点有很多,包括但不限于竞争、接续产品上市、零售不畅、降低利润诉求冲量、提前为促销季做准备、汇率波动等。调价可分为主动调价和被动调价,主动调价一般在产品上市前的定价和损益分析时进行初步规划,结合降低产品成本等计划同步进行,图3-3是企业基于整体产品布局和经营考虑进行的调价设计。旗舰或明星产品是企业自主操盘的,一般会以企业为主,进行有节奏的主动调价。被动调价一般是市场上出现了新的竞争对手,或者竞争对手采取了降价、补贴等措施,导致产品竞争力降低,出现或可能出现销量下滑等情况,企业不得不采取的紧急调价措施。被动调价经常出现在打价格战的产品或市场中。比如竞争激烈的走量产品，一般会以生命周期内的竞争定价为主，并根据竞争情况及时进行被动调价。

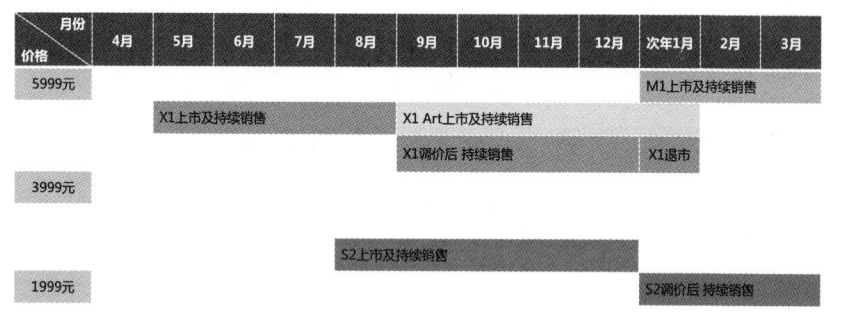

月份 价格	4月	5月	6月	7月	8月	9月	10月	11月	12月	次年1月	2月	3月
5999元										M1上市及持续销售		
3999元		X1上市及持续销售				X1 Art上市及持续销售						
					X1调价后 持续销售					X1退市		
1999元					S2上市及持续销售							
									S2调价后 持续销售			

说明：X1、X1 Art、M1、S2等均为产品代号

图3-3 产品价格调整计划

在进行调价时，企业需要特别注意以下几个方面：

（1）调价的范围要明确，包括需要调价的市场、价格类型（如零售价、出厂价、中间环节的价格）等。

（2）调价时必须坚持几个基本原则：维持渠道利润空间、维持整体价格体系的稳定、有效保护消费者的利益。一般来说，高端产品更注重价值，因此不能随意调价；中低端产品重视性价比，要结合市场竞争情况调整价格，调价相对较多。当然，最理想的情况是初次定价就能做到价格合理且具有竞争力，减少产品生命周期内的调价次数，甚至能够做到不调价，让消费者觉得产品足够保值。

（3）调价时要考虑渠道库存、价库保①、调价执行时间、汇率变化等因素。比如调整零售价格可能会引起渠道代理的库存产品出现价格损失等情况，这种就需要企业提前制定相关处理方案。

（4）企业要考虑调价会带来的销量变化，提前做好要货需求分析和要货计划调整，避免因为调价市场需求急速上升，企业却没有提前备货，导致错失销售机会，减弱了调价的作用，失去了调价的意义。图3-4显示了某产品的价格调整与销量的关系，企业要利用好调价带来的增量。

---

① 价库保指在代理制企业中，企业从厂家进货后，厂家降低了零售价，厂家要给企业补偿这批货物的利润差。

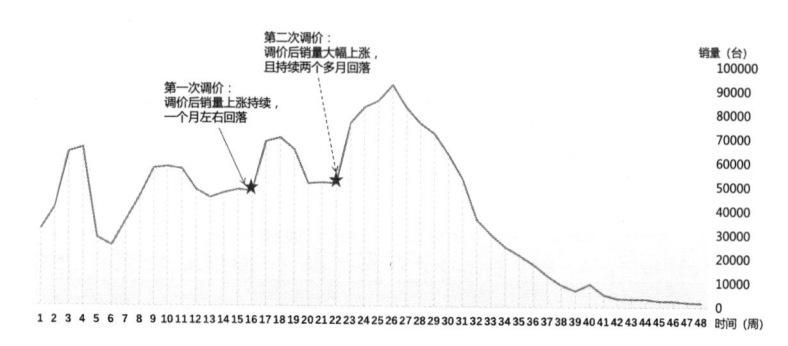

图3-4　产品价格调整与销量变化

（5）企业要注意调价的幅度，根据市场竞争情况、产品库存情况、产品成本，结合当次调价想要达成的销售目标设计调价幅度。

（6）在实施调价后，企业要及时关注市场动向，结合实时动销分析，了解调价效果，及时采取措施纠正问题，避免给企业带来损失。

维护价格秩序

产品价格的波动对市场的影响非常明显，为了维护企业自身、渠道以及消费者等各方的利益，企业需要维护价格的稳定性。一般而言，维护价格的稳定性主要分两个方面，一是维护零售市场的价格稳定，增强消费者的购买信心，维持产品热度。有些产品在开售阶段价格可能会有所提高，但是这种溢价一般不由企业管控，它充分说明了产品的竞争力。二是维护出厂价格的稳定性，保证渠道的利润空间不受影响，增强渠道对产品的信心，获得更多渠道推广资源，特别是第一主推资源等。

企业要通过明确的原则和规范维护价格秩序，对调价进行规划和严格把控，特别是各级渠道的价格调整。维护价格秩序的原则主要包括以下五条：（1）确保在某一国家内，产品的市场零售价格全渠道统一；覆盖了国外区域的更大市场的产品价格要实现低汇率差，或者统一交易货币。（2）确保渠道价格不会出现大幅波动，主要是预防价格的快速下滑，有些产品开售没多久就跌破了发售价格，这会对产品销售带来巨大伤害。消费者会觉得产品价格还会跌，于是继续观望，导致企业错失销售机会。（3）确保产品上市后4个月内不进行调价，除非有特殊情况。一旦需要调价，企业需要全面预判市场，避免单一市场的调价对其他市场造成影响，要做到不破坏市场秩序。（4）合理控制产品库存水平，做好产品的分货管理，确保不同区域的库存水平与销售水平保持在合理的平衡点。（5）做好窜货管理，确保窜货行为得到惩处，杜绝窜货。

在维护价格秩序方面，除了有明确的原则，企业还要有坚定不移的决心和信心。如果企业没有决心，那么一开始就不要维护价格秩序，因为一旦开始，就需要调动许多配套资源，也要避免因调价发生其他问题，比如影响消费者、渠道的利益。维护价格秩序是把利刃，不同行业的情况可能不一样。企业需要合理使用这把利刃，确保企业、渠道、消费者的利益关系的平稳。

做好产品分控货管理

分控货管理是产品生命周期内的一项重要工作，意义重大，主要表现在三个方面：第一，维护好产品的价格秩序，需要做好产品的分控货管理。如果企业想让产品在首销开售期维持好的价格，甚至有更高的溢价，就需要控制好首销开售期的渠道存货量。第二，产品的分控货管理是维持产品热度的重要方法。有些商家利用消费者迫切的采购心理，有意制造出缺货现象，从而让消费者抢购，甚至在渠道出现捆绑销售、加价销售等情况。第三，产品的分控货可以让企业合理利用资源，提升产品销售的有效性。特别是对于一些销售爆品，可以将其作为企业和渠道商谈的筹码，搭配一些不好销售的产品给渠道商，从而使企业利益最大化。

通常情况下，产品的分控货可在缺货期和足货期进行管理。

一般情况下，产品刚上市时都属于缺货期，客观原因有产品生产质量不稳定、生产能力不足等。缺货期的产品分控货方式要遵循以下几个原则：（1）根据客户或门店的优先等级进行分控货；（2）根据客户或门店的要货预测准确率信用指数加权评分，进行分货优先级排序；（3）结合产品的库存消耗情况及能力，在保持产品上市热度的情况下，进行分货优先级排序；（4）结合客户或门店的市场秩序监控结果，进行奖励和惩罚性的分货。

产品上市1~2个月后会进入足货期。此时进行产品的分控货需要把握以下几个原则：（1）在维持市场秩序与价格稳定的基础上，进行产品的分控货；（2）结合产品的销售监控与分析和库存周转天数等信息分配货物走向；（3）在重大节日或活动节点，结合营销资源的投入节奏等进行分控货；（4）结合调价节奏等进行分控货。

企业要做好产品的分控货管理，保持合理的库存周转天数，稳定市场价格，确保供需处于合理的水平，维持产品热销局面。

第三节 稳定销售期的营销推广

营销推广是一项很重要的工作，在产品的稳定销售期更是如此。这里所讲的营销推广是广义的概念，包括线上传播及推广，渠道、零售的营销及推广等。在实际工作中，笔者经常遇到一些只有一波营销的企业，即发布会结束后没有后续，只有一些零星的门店促销推广活动。一般来说，这是因为在稳定销售期缺乏营销推广资源，导致产品发布后热度急剧下降，销售表现不好。产品的销售大约70%来自营销推广，而稳定销售期往往会持续很长时间，并且也是产品销售的主产量时间段。因此，企业要充分做好稳定销售期的营销推广工作。

为什么要做营销推广工作？首先是为产品制造热度，吸引目标人群关注并深入了解产品，促使其购买。因此，营销推广工作要基于用户的购买旅程进行设计和开展，解决用户在每一个环节（包括"进店前""在店时""离店后"）可能遇到的障碍。这些环节涉及线上传播及推广，渠道、零售的营销及推广，包括日常的营销推广，以及基于特定节日、主题等进行的专门营销推广活动。

线上传播及推广

在稳定销售期,线上传播及推广的内容非常多,覆盖了多个阵地,比如常规的官方媒体、自媒体平台等,要在如此长的时间里维持高关注度,将多个平台的营销工作维护好,企业需要做到"三多",即多波次营销、多维度营销、多元化营销内容的持续输出。

多波次营销

在稳定销售期,企业需要开展多波次产品营销活动,确保产品热度,维持稳定销售期的销量。如何做好多波次营销呢?企业需要从以下几个方面入手。

首先,多波次营销要结合产品稳定销售期内的相关节日进行规划,如企业节日、电商平台节日、业界事件(比如竞争对手的产品上市)、展会、峰会等。当然,并非针对每个节日或者事件都要做活动,企业要结合产品类型进行选择,毕竟营销推广的预算是有限的,必须把有限的资源投到更加有效的地方。企业要结合每个产品的侧重点规划营销活动,促进销售增长。比如为了提升某些产品在电商节日的销售目标,企业可以针对电商节日进行专门的活动策划,重点投入,确保销售目标达成。

其次,企业既可以将多波次的营销活动规划成一个主题下的系列活动,也可以单独就某个主题或事件规划营销活动(如图3-5所示)。营销活动需要结合各节日或者事件本身的主题、调性等进行策划,同时,营销活动的内容需要与产品相关联,避免为了做活动而做活动。企业要基于用户需求呈现产品特性,确保营销活动可以吸引消费者的关注,实现引流,促成产品销售。

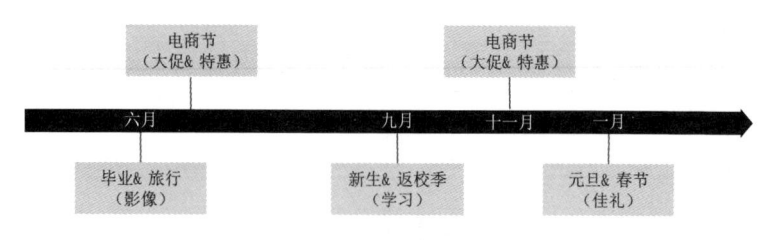

```
        电商节                      电商节
      (大促& 特惠)                (大促& 特惠)
         |                            |
 ────────┼──────────────────┬─────────┼────────▶
   六月                九月      十一月   一月
         |                    |                |
     毕业& 旅行          新生& 返校季        元旦& 春节
      (影像)              (学习)            (佳礼)
```

图3-5 多波次营销活动规划

最后,多波次的营销活动需要跟紧销售节奏,营销活动的阵地和内容都要与销售目标相结合。因此,企业要先明确营销活动的目标,尤其是销售目标,基于目标进行资源规划和投入,同时策划出具有针对性的营销内容、时间、地点等。在实际的营销活动中，经常出现多波次营销与实际销售结合较差的情况，特别是在节奏和阵地等方面，最终导致营销指标看起来很好，但是销售表现却一般。比如某电子消费品牌的代言人活动中，活动的曝光量很好，为线上和线下门店引来了流量，结果门店并没有相应的可销售产品，也没有增加相应的消费者权益等，导致引来的流量没有得到很好的转化，浪费了资源。

企业要做好多波次营销需要综合考虑许多影响因素，有针对性地进行活动规划，按计划实施，确保最终目标的达成。从主导角色维度可以将多波次营销活动分为品牌方主导的自主营销，以及品牌方跟客户共同开展的联合营销。其中自主营销的策划及开展等都由品牌方自己负责，方式与前文中所讲的营销传播活动一致；联合营销在产品的稳定销售期内相对开展较多，特别是品牌方与渠道的联合营销。接下来我们将在多维度营销中对联合营销做进一步阐述。

多维度营销

在产品的营销传播中，仅靠某种单一形式传播，效果可能比较有限。传播形式、传播阵地和传播内容是营销传播中非常重要的维度。其中传播形式包含电视广告、户外广告、直播、线下发布会、线上发布会、其他线上和线下的营销活动等；传播阵地（也称传播媒介）包含电视、机场、地铁、高铁站、新媒体平台、社交平台、电商平台等。各种传播形式结合传播媒介以及传播内容（如图片、视频、文字、实物等）形成了**多维度营销**模式。企业可以根据产品的重要等级决定多维度营销等级，其中最高级别的多维度营销是"360°营销"。当产品进入稳定销售期后，市场人员会根据产品在市场的表现和市场竞争情况，调整产品的营销策略。

例如为了让某产品在电商节日的声量更高，促进销售，企业可以策划营销活动，包含纯广告投放（如投放到机场、高铁站、社交媒体、新媒体平台），同时在各类媒体投放软文，找垂直领域的KOL站台，使之做产品评测和推荐等，还可以在电商平台和线下门店同步做营销活动，多维度触达消费者，让消费者看到铺天盖地的产品信息，从最初感到视觉冲击直到印象深刻，最终促成购买。这也是在实际生活中，我们会在不同场合看到同一个产品不同形式的营销活动或广告的原因。

接下来我们重点讲述联合营销。

通常情况下，联合营销又可分为品牌联合营销和渠道联合营销。线上传播推广一般以品牌联合营销为主，渠道联合营销将在后面的章节中再说明。

品牌联合营销形式有很多，包括联合发布会、IP授权使用推广、资源互换、现金买赠等。比如某知名酒品牌和某咖啡品牌合作，某手机品牌和某相机品牌合作等，简单来说就是"有钱出钱，有力出力，有资源出资源，有名出名"，以实现联合营销的目的。企业要做好联合营销需要注意以下几点：（1）联合营销的品牌在调性、高度等方面要与企业自身吻合，因此企业要做好联合品牌的背景调查，避免产生问题。（2）需要明确联合营销双方的权益范畴和双方的资源投入详细计划，避免产生不必要的纠纷。（3）联合营销的目的和效果衡量指标一定要明确且可量化，避免双方评价标准不一致，影响未来的长期合作。（4）双方要对联合营销的方案达成共识，比如营销活动开展的地点、时间、参与人等，避免因认知差异导致相互不理解甚至产生矛盾。一般情况下，如果是品牌方主导的联合营销，那么联合营销方案以品牌方为主导；若以合作方为主导，此时品牌方主要进行资源投入（含预算投入）。

在营销推广中，光靠品牌方展示产品参数等数据信息根本不够,效果很可能比不上一场好的联合营销活动,这也是品牌方进行联合营销的原因。

多元化营销内容的持续输出

在产品的整个生命周期中,无论是日常营销,还是多波次营销中的自主营销和联合营销,都需要营销内容的输出。持续的内容输出是营销的基础,所有营销都基于内容开展。

为了让消费者更好地看到产品、了解产品、认可产品、购买产品、使用产品、爱上产品、推荐产品,品牌方需要基于消费者的购物之旅设计相应的营销内容,同时结合投放的媒介渠道来制作物料,以满足消费者的不同需求。同时还要避免同一内容的不断重复,以免消费者产生视觉或听觉疲劳。因此,品牌方要确保营销内容和形式的多元化,同时,为了能够覆盖产品整个生命周期的关键时间段,品牌方还要持续输出内容,避免一线人员没有"炮弹"可用。这些营销内容包括但不限于海报、软文、视频、图片、直播文案等。

为了确保营销内容能够得到有效传播,充分发挥营销内容的价值，品牌方在制作营销内容的时候需要把握以下几个原则：

（1）内容的准确性与合法性。不要制作虚假内容，避免过度夸张的内容，避免触碰法律红线。内容不准确甚至违反相关法律法规会造成重大公关事件，所以需要坚决杜绝。

（2）内容的相关性。营销内容要跟产品以及活动主题相关，不能让消费者看了后觉得不知所云。同时，营销内容要基于整体的活动规划和目的制作。在实际工作中，笔者曾遇到过一些案例，营销项目经理还没有规划好整个项目的方案及计划，营销主题和目标都还没有确定，新媒体营销团队就已经开始制作营销内容了。导致最终花了很多钱，但效果并不突出，这不是浪费人力、物力吗？

（3）内容的可传播性。这里涉及两个方面：一是营销内容本身具有可传播性，能够吸引消费者的关注，引发共鸣；二是品牌方有足够的预算用于营销内容的投放，因为只有足够广泛的传播才能发挥出营销效果。在实际工作中，有些团队可能很有想法和创意，输出了很多内容，但是却忽视了用于内容传播的预算，预算不足导致只能简单投放，甚至无法投放，造成隐形的资源浪费。

（4）内容的及时性。内容输出要与活动节奏相匹配，不能因为内容输出延迟导致活动效果受影响，甚至无法按原定计划开展。在实际的商业案例中，这种情况时有发生。

（5）内容的持续性。内容输出要有一定的持续性，特别是新媒体传播，不能三天打鱼两天晒网，否则很容易失去消费者的关注，甚至抹黑品牌整体形象。如果品牌方的新媒体账号如同"僵尸号"，会给消费者造成品牌方企业经济不景气和品牌方不可靠的印象。当然，要保证内容的持续性，需要一定的预算支持，在预算不充足的情况下，品牌方可以考虑内部创作素材。

（6）内容的一致性。同一时期对外传播的内容，无论是通过什么渠道，传递给消费者的信息一定要一致，调性和风格也要一致，这是提升传播质量和传播效率的重要原则。

综上，在产品稳定销售期的营销推广中，品牌方要有持续的内容输出，同时要保证内容的质量和及时性等，确保内容传播的效果最大化，保障营销活动的目标达成。

渠道、零售的营销及推广

渠道和零售的营销也是产品的稳定销售期中非常重要的一部分，包括通过渠道在其资源所覆盖的地方开展的营销推广活动，这些活动包括但不限于新渠道的开发及拓展、渠道新品推荐会、渠道广告投放、路演、节日促销等。

前文所讲的线上传播与推广主要集中在品牌方的媒体传播领域，它传播范围广，但效果难以直接体现在销售业绩上；渠道和零售的营销与推广主要集中在传统的线下门店和线上店铺的促销，其对销售的促进效果相对而言更加直接和明显。也正因为如此，在产品的稳定销售期内，渠道和零售营销活动的频次更高，一线销售部门基于业绩压力，会将资源投入效果更为直接的促销活动中。那么，如何比较全面地做好渠道和零售的营销与推广呢？建议品牌方可以从以下几个方面入手：

第一，拓宽销售渠道，让消费者更容易触达产品。

渠道其实就是消费者购买产品的"管道"或者"通路"，通过渠道，产品可以流通到消费者能够触及的地方。拓宽销售渠道主要是建立更多的通路，扩大销售范围，让更多的消费者更便捷地购买到产品。比如过去消费者只能在线下门店购买产品，随着互联网的发展，电商平台崛起，消费者可以在电商平台（如京东、天猫、淘宝等）购买产品。近几年又发展出了外卖平台（如美团、饿了么等）、新媒体平台（如抖音、快手、小红书等）等，消费者也可以在上面购物。

随着线上线下的融合，品牌方可以实现多种渠道的联合销售，比如在电商平台销售即时送达的产品，消费者在线上下单，由附近的线下门店及时送货。多样化的销售渠道让消费者的购物之旅更加便利和快捷，比如店铺现货购、独立App购、社交分享购、独立商城购、店中店触屏购、样品卡片购、小程序购、虚拟现实全景购、直播互动购、外卖直送购等。因此，品牌方需要进行全渠道销售部署，融合线上与线下，打通端到端的协同作战机制，覆盖自建线上平台（如商城App、小程序、微商城等）、第三方平台（如京东、天猫等网店）、线下实体店（含直营、加盟、合营等）、智慧导购店等，提升产品购买的便捷性。

当然，要落实产品购买的便捷性，还需要供应链的协同支持，实现多渠道库存的周转、调拨和款项核算等，同时采取线上订单线下取货、线下订单线上发货等模式。这样才算是全方位提升了产品购买的便捷性，可以大幅提升消费者的购物体验，这也是渠道和零售营销与推广的核心工作。

第二，制定灵活有效的价格政策，玩转"价格促销"。

价格贯穿了产品的整个生命周期，其中产品价格档位是早期定位产品时制定的价格大方向，产品的定价策略用以指导产品正常销售时的基础价格。产品上市后，基于市场环境的变化，为了促进产品销售，企业还需要做出临时的价格调整，我们也可以将这种临时的价格调整理解为一种营销与推广行为。那么，如何做临时的价格调整？在渠道的促销政策中，通常有**八种促销定价法**：会员价、打包价/套餐价、折扣与折让价、一口价、阶梯价、满减价、秒杀价、团购价。

（1）会员价。会员价是一个有门槛的价格，消费者想要享有会员价就必须先成为品牌会员，因此会员价的主要目的是引导消费者成为品牌会员，这样品牌就可以锁定消费者，使其长期购买品牌产品。设置会员价时要注意不能影响产品的整体价格体系，因为每逢电商平台和线下大促，各种价格政策实在太多了，叠加上一些满减、抵扣政策，稍不注意可能就会导致品牌亏损。除了会员价，还有其他多样化的会员营销方法可以提升顾客黏性，比如会员积分、会员等级福利、会员卡券等。

（2）打包价/套餐价。这是目前线上线下销售中，提升成交率和客单价常有效的定价方法。比如对多个产品进行组合包装后制定一个新价格，这一新价格可能比组合中单个产品合起来的价格更高或者更低，主要取决于品牌的溢价能力。通常品牌方会在节日（比如元旦、春节）时使用这种方式，平时则会定一个套餐价，比单独售卖组合中的产品的总价低一些，这样可以让消费者觉得套餐更加划算，服装、电子消费产品等都会使用套餐价。因此，对品牌方来说最重要的就是制定好套餐数量、产品搭配和套餐价格。

（3）折扣与折让价。为了鼓励消费者购买或者增加淡季销售量，大多数企业经常会给消费者一定的优惠，这种优惠价格叫折扣价或折让价。折扣价指对基本价格做出一定的让步，直接或间接降低价格，以争取顾客，扩大销量。折扣的形式有很多，包括数量折扣、现金折扣、时间（季节）折扣等。其中数量折扣指按购买数量的多少给予不同的折扣，购买数量越多，折扣力度越大。

比如消费者购买某商品，在一定数量内价格为A，超过一定数量将在A的基础上打8.8折。现金折扣指顾客用现金付款时获得的一种价格折扣，其目的是加速企业资金周转，降低销售费用，减少财务风险。时间（季节）折扣是企业为鼓励顾客在销售淡期购买产品的一种优惠，可以让企业的生产和销售在不同时期都能保持一定的稳定性。一些产品的生产或服务是持续的，但其消费却具有明显的季节性，为了让企业的经营能够平稳进行，需要给消费者淡季折扣以提升销量。比如暑期是旅游业的销售旺季，相关价格会上涨；而冬季对许多地方来说是旅游淡季，各地会降低相关价格促进旅游消费。

当然，还可以通过优惠券、积分兑换、参与游戏互动等来实现折扣价。无论何种形式，主要是给消费者带来优惠，促使消费者购买。

（4）一口价。这种定价方式在小商品领域和服务业最常见，多数线下领域，比如网吧、酒店、景区、部分餐饮等，一些二手交易产品也开始流行一口价。如9.9元一口价的小商品，线下2元店、3元店甚至是10元快餐店等，都属于这个范畴。这种特定的优惠价格目的是吸引流量，创造爆品。

（5）阶梯价。指将产品价格划分为不同等级，对不同的场景和产品来说，阶梯价的消费效果完全不同。一般而言，阶梯价是为了刺激消费者购买更高价格的产品，或购买更多的产品，比如水果10元3斤、15元5斤等。还有一些阶梯价是为了抑制消费，比如能源类的阶梯价（生活中的水、电、气费等）。

（6）满减价。它与阶梯价有点类似，也是为了刺激消费者购买更多的产品，提升客单价，增加产品销量。比如电商平台的促销节日经常有满300减30、满500减60等优惠活动，这里还涉及阶梯价和满减价的组合运用。大促清货时很适合做满减价活动。

（7）秒杀价。指在某一时刻或很短的时间内，产品价格直减或直降，可以刺激消费者快速下单，通常场景是在直播间。秒杀的产品通常有数量限制，其主要目的是刺激消费和引流，同时还承担着活跃直播氛围、构建销售信任的作用。

（8）团购价。指达到一定的购买人数后，针对某一产品企业可以给予比平时单独购买时更优惠的价格。比如某电商平台、一些私域平台和线下商超等都有团购价。针对特定商品设置优惠团购价，可以吸引顾客，打造爆款。

无论采用哪种促销价格，企业都要明确价格设置的目的，详细分析盈亏、投入与产出等。

第三，全方位开展营销与推广活动，提升用户关注度和转化率。

稳定销售期内的营销活动重点可以围绕以下几个方面策划和实施，促进产品销量提升，保障销售目标达成。

（1）强化顾客引流效果，提升顾客进店率。渠道和零售门店可以通过多样化的推广方式，比如线上引流或线下活动等多种方式吸引顾客，具体方法包括电视广告、户外广告、门店的外围广告、搜索引擎、各渠道和零售门店的公众号、各种线上店铺的引流链接、异业合作、顾客推荐等。提升顾客进店率（指总进店的人数占总浏览到或者看到门店的用户数的比例），要做到让顾客"一见就进"。有一点需要注意，就是在引流的时候，要保证商品信息的准确性和有效性。企业在做产品或者某些活动的宣传信息时，务必要聚焦可以吸引顾客的内容，让这些内容的"沟通"更加有效。同时，还要注意商品信息获得的便捷性，这些都可能是顾客进店的助力。另外，企业还要解决门店触达的便捷性问题，比如线上点击链接能够直接看到店铺对应的商品，从线上也可以引流到线下的门店（或者附近门店、消费者指定区域的门店等），并且可以在官方App、网上商城、导航地图、商圈位置导航图、电商平台等上面快速查找到对应的门店，这就需要企业强化地图导航的营销推广。这些都是提升顾客进店率的关键，也是企业在终端营销和推广中的重要内容。

（2）提升顾客进店后的转化率。提升顾客转化率（指购买总人数占进店总人数的比例），第一是要让顾客能够快速在线下门店或线上店铺查找到自己想要的商品品类、型号。这就要求企业在商品陈列和演示上下足功夫，包括商品的分类、摆放位置、呈现的信息等，也就是前文提到的"货"与"场"的设计。第二是线上的售前导购和线下的导购人员要能够快速识别顾客需求，精准讲解产品特性，引导顾客挑选商品，让顾客有欲望购买商品，最终达成交易。零售侧在做营销推广的时候，要特别注重导购人员的培训工作，企业要给他们提供各种素材，包括但不限于销售话术、产品核心竞争力演示视频或道具等。这是非常通用的零售营销与推广的内容之一，也是前文提过的基于"人"开展的营销推广工作。这样才能保证顾客进店后，导购能够和其进行有效沟通，提升顾客转化率。

(3)提升顾客满意度,引导顾客复购与推荐。顾客满意是企业的目标,顾客对整个购物之旅的体验会影响他当前以及未来的决策,其中的影响因素包括购物环境、导购员的态度和专业度(含业务熟练度)及交易的便捷性等。其中,交易的便捷性指顾客确定购买商品后,销售人员可以进行"一站式"服务,解决产品销售交易(如各种快捷的电子支付等)、产品启用等问题,不需要顾客来回跑。顾客的购物体验好,自然会提升对产品和企业的好感度,并将其推荐给朋友,或者下次继续购买,提升企业的复购率和推荐率。增加产品的复购率和推荐率,还有一些激励措施,比如第二件半价、第二次购买有折扣券、老带新有奖励、点赞和分享激励等。

(4)组织开展大型促销活动,刺激顾客购买。渠道和零售侧可以通过组织和开展各种大型活动,引爆声量,引发大量顾客关注和参与,促成销售。这些活动包括但不限于路演,在电商节日(如"618""双十一"等)、品牌日、周年庆、店庆、会员日、俱乐部活动、节假日(如春节、中秋节、国庆节及母亲节、父亲节等)做活动等。这是渠道和零售侧最常见的营销和推广方式,对销售结果的影响最直接。因此,渠道和门店(含电商店铺)通常更愿意把资源投入这种活动。当然,还有许多其他活动,重点是要引发顾客关注并参与进来，使之购买产品，促进企业销售目标的达成。

事实上，无论是线上还是线下渠道，零售的营销与推广最主要的目的是基于消费者购物之旅进行体验设计，从而占据消费者内心，刺激消费者购买。这些体验设计主要从以下几个方面考虑：第一，购物的便捷性，包括信息获取、门店触达、商品获取和交易的便捷性等。第二，沟通的有效性，广告内容及商品信息要能够抓住用户，包括广告画面（含视频等）。导购人员能够快速、准确引导顾客，为顾客提供满意的方案。第三，顾客可接受的支出，包括合理的价格和优惠政策等。产品价格既要有一定的竞争力，又要让顾客满意。第四，购物的舒适性，通常指顾客对整个购物过程和结果感到满意，比如顾客的需求得到满足、购物环境舒适、顾客对导购的服务态度满意、购物过程简单明了等。当然，随着人们生活方式的变化以及科技的发展，营销和推广的方式也会发生变化，但是核心的宗旨不会变，那就是引发顾客关注，让顾客满意，从而使之购买产品，保障销售目标达成。

第四节 产品退市

产品既然有生命周期，就代表它终究会退市。而且有新产品上市，就有老产品退市。否则只有上新没有退市，企业要管理的产品会越来越多，最终会超出企业的管理能力。做好产品退市的意义如下：

第一，为了新产品更好地上市。如果老产品不退市，就会占用销售资源，影响新产品的销售业绩。在线下门店，可陈列的位置是有限的，如果老产品不退市，新产品就没有位置可陈列，这个问题对于一些大型家电企业更加重要；另外，老产品一直不退市，会导致在售产品型号过多，导购难以聚焦推荐产品，最终影响整体销售业绩。曾经某品牌有一系列的产品，刚开始两代都没有推广好，第三代产品上市前，该品牌决定把过去的产品库存全部清理完。最后第三代产品十分火爆，因为各代理商和零售商手上只有第三代产品，只能从第三代产品上盈利，自然会更用心。

第二，为了更好地管理企业资源投入。没有退市机制会导致产品不断累积，企业里的产品型号高达几百甚至上千，企业对每个产品投入的运营管理成本都非常高，要花大量的人力和物力维护，但是并非每个产品的销量都很高，甚至有些产品的月销售收入都不足以抵扣成本，在这种情况下，企业需要严格做好产品退市管理工作。笔者就遇到过一些企业不重视产品退市，只要有代理商觉得某个产品好卖，企业就一直保留该产品，导致有些产品已经上市好几年了还在卖。个别代理商觉得好卖的产品并不代表企业整体效益好，产品是否要保留，是否要延迟退市，需要从企业整体销售情况进行评估；因为产品的销售涉及供应链的采购、生产、销售管理与运营、技术以及售后服务等，牵扯的面很广。因此，企业要合理并及时地释放企业相关资源，将有限的资源投入核心产品，提升产品的成功率和爆品率。如果某些老产品确实存在好的特性，企业可以在新产品上发扬这些特性，让新产品卖得更好。

第三，为了保障代理和消费者的权益，以及规避法律风险。产品销售中一个很重要的环节是售后服务，如果产品长期不退市，可能会涉及维修保养周期的问题。比如某款产品的维修保养时间是产品退市后一年，如果没有退市机制，企业在维修保养方面就需要不断投入人力物力。有时产品的一些部件是外购的，超过一定期限后，供应商就不再提供该部件，这也将导致售后的配件不足,甚至引起合同违约、消费者投诉等。

产品退市一般意味着产品生命周期的结束,也称产品寿命结束(End-of-life,EOL,即前文提到的"从生到死"中的"死"),此时企业应制订计划停止市场营销、销售等活动,同时产品服务也因此受限甚至终止。通常,产品退市分为四个环节,分别是退市评估、停止生产、停止营销和销售、停止服务和支持。

第一,退市评估。为了保证产品顺利退市,需要对其进行退市评估、制定退市方案、开展退市决策评审。一旦退市决策评审通过,就要开始执行产品退市。这表明产品退市工作的启动时间实际上是开展退市评估时。

第二,停止生产。在退市评估通过后,企业要进行退市锁量,即对市场需求进行最后的预测分析,结合退市周期计算出要货量。市场部门要预估未来的销售量,统计渠道在途成品库存,并与供应链确定最终的要货量。售后服务部门需要根据市场上的已售产品数量、保修期内设备数量、保修期外设备数量,预估需要的易耗件和必要备件数量。供应链部门需要统计所有已经发出但未完成的订单情况,并统计所有在途的物料数量,包括相关物料的库存数量、半成品数量、成品数量，汇总各部门提供的信息，计算出终止生产前仍需生产的产品数量，更新相应的生产计划和发货计划。另外，工厂还需要对剩余库存零部件进行后续处置，如报废或者重新加工供其他产品使用。

第三，停止营销和销售。销售部门要与相关部门（如研发、供应链等）根据市场销量预估以及产品数量确定终止销售的具体日期，即在某个日期之后不再接收销售订单。同时，一线销售部门要做好和顾客的沟通，确保已购买该产品的顾客能够继续享受售后服务。对于需要升级产品的顾客，可以推荐企业的同类型产品。企业要撤回市场上与该产品相关的广告和宣传资料，并向所有的代理商下达终止销售、停止接收订单的通知。

第四，停止服务和支持。部分顾客购买产品的时间比较晚，但企业仍需要提供保修期范围内的售后保修服务，也就是该产品停止营销和销售后，服务还不能立即停止。确定服务终止的时间应当以最后一部产品售出的时间（若产品的保修期从销售日期开始计算）为基准到该产品保修期结束。考虑到某些客户在产品过保之后仍然有保修的需求，企业也可以再加上一定的时间完成过渡。售后服务部门需要根据产品的历史保修情况来推断需要准备的关键部件数量,以便在服务终止日期之前仍然能够提供备件,进行维修服务。

以上为产品退市的四个关键环节,企业需要在每个环节都做好相应的工作安排并执行。另外,要做好产品的退市工作,项目经理需要做好以下几项工作:

第一,做好产品的退市方案。项目经理应当与所有相关部门一起完成产品退市方案的制定,并发放给相关部门的负责人执行。产品退市要结合新产品的上市节奏来开展,新产品上市后,老产品什么时候退市、如何退市、老产品退市的价格方案、库存处理方案等都会影响新产品的销售。产品退市不是负担,有时候还可以是一种福利,可以制定相关激励政策与代理商、零售商洽谈,同时可以作为筹码,与新产品的上市方案相结合,让代理商和零售商投入资源。

第二,做好退市准确性、合理性和可行性的评估,这包括退市方案制定前的分析与评估以及退市的评审,涉及供应链、研发、销售部门、代理商、零售商、售后等部门,同时要经过公司相关管理委员会的评审,确保退市的准确性、合理性和可行性。企业需要制定一些基本的产品退市原则和基线，这样才能够保证及时启动产品退市工作。

第三，做好退市的货量锁定以及库存清理工作。产品退市涉及渠道在退市执行期内的要货量，因此要做好退市的最终锁量工作，避免造成呆滞库存或者出现货量不足的情况。

第四，同步做好配件等的退市工作（有些行业还有备机，也需要做好退市工作）。在实际工作中，企业通常只关注主产品的退市，却忘记了服务以及产品配套件的退市，最终在盘点或核算时才发现问题，导致公司资源浪费等。

第五，退市方案和计划要落实到基层，避免只有总部在执行、基层销售没有执行的情况，从而影响退市效果。

第六，要明确各部门在产品退市过程中的职责与运作规则，确保产品有序退出市场。

除此之外，项目经理还要定期召开会议，跟踪进展并讨论解决执行过程中遇到的问题，确保退市工作顺利开展，确保产品完成退市，保障后续新品顺利上市及各项工作的顺利开展。

第4章
IPMS之作战队伍

第 4 章　IPMS 之作战队伍

作战队伍的建设是企业发展的根本保障，业界企业取得的成就离不开团队建设。企业的管理人员不但要会营销自己的产品，还要能够创建高效、有能力的作战队伍。

人，是开展工作最重要和最核心的资源之一。俗话说"得人心者得天下""人多力量大"，体现了人作为核心资源的重要性。一部再好的兵法，也需要人去执行，才能产生效果；再好的武功秘诀，也需要人将其内化，才能更好地应用。因此，构建一支专业的作战队伍非常关键。

我们把作战队伍的能力分为三个维度，分别是组织驱动力、组织运营能力、员工的业务能力。企业该如何构建这些能力？可以参考"三力模型"（如图 4-1 所示）：首先，在组织驱动力方面，可以从角色定位、评价机制、激励机制等展开工作；其次，在组织运营能力方面，可以通过作战流程、业务规则、作战工具等方面展开；最后，在员工的业务能力方面，可以从人员的专业技能、协作技能、综合技能等方面进行建设。基于这三个维度，企业可以构建一支专业的作战队伍。

笔者在第二章和第三章对三力模型中的组织运营能力已经做了重点解读，接下来，笔者将对组织驱动力和员工的业务能力展开解读。在组织驱动力方面，重点会从团队组建、团队管理方面展开。

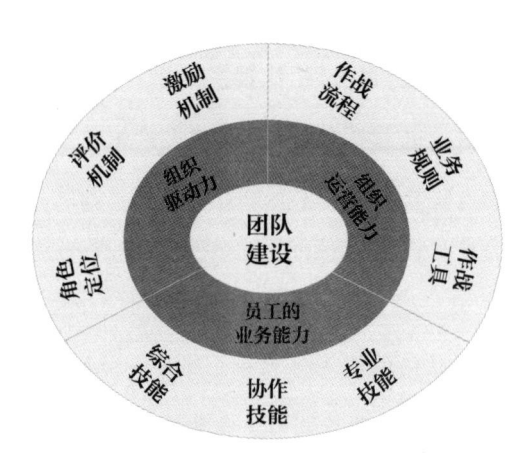

图4-1 作战队伍能力构建三力模型

第一节　团队组建

团队构成与角色定位

一支专业的作战队伍建立的第一步就是明确各个岗位的职责要求、基本素质要求和发展路径等。

在第二章和第三章，笔者介绍了IPMS的核心作战内容，涉及多个领域，这说明IPMS的作战团队成员来自多个领域，我们将这一团队称为PCT。PCT要为商业结果负责，其中的核心成员有GTM、MKT、渠道、零售、电商等。PCT类似于IPD中的PDT团队，并且与PDT团队之间有许多需要协同和关联的内容。不同企业在不同的发展阶段，团队建设所覆盖的领域有所不同。刚开始组建团队时，企业可能只有一两个核心角色，后来会逐步升级和扩展开来。

曾经有一家大企业在刚开始组建团队时，没有找专业的人辅导，一开始就设计了十几个项目作战团队的角色，涉及的领域过多，职责不清晰，导致项目实际运作时难以落地。因此，在具体实践中，建议企业要找有组建团队经验的专业人士辅导，否则可能会走弯路，甚至走错方向。曾经有几家企业从2019年开始组建团队，有的企业基于自己所掌握的信息和资料等进行组建，结果花了两三年时间，还没有搞明白，最终找到笔者重新进行调整和优化，才让员工明白了IPMS的真正逻辑和内涵，并清晰了业务的职责与协作要求；还有一家行业头部企业，找的辅导人员不太专业，导致执行落地时出现了很多问题。关于团队组建的做法不一，没有所谓的对和错，重要的是是否适合企业自身的业务特点和发展状况。学习优秀企业，不能只是照抄做法，而要基于企业的实际情况做定制化的适配。当然，适配不可能一步到位，也不可能一开始就是完美的，适配时需要做到"先固化，后优化"。

IPMS作战团队的核心角色负责营销服领域的核心业务，对公司整体经营的影响很大。比如业界企业在升级IPMS团队的时候纳入了生态产品等相关角色，因为这些角色对企业整体业务的协同发展起到了重要作用。

那么，IPMS作战团队的结构是怎样的？如图4-2所示，IPMS作战团队包括PCT项目经理、GTM经理、MKT经理、渠道经理、零售经理等核心角色。当然，在人力资源充足的情况下，企业还可以配备项目助理等辅助角色。

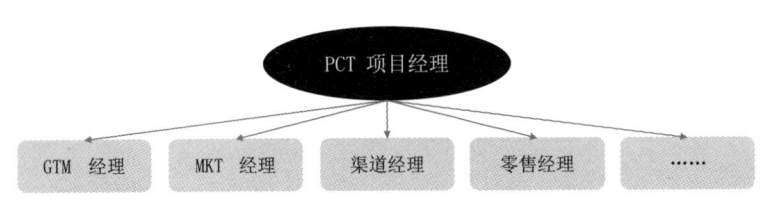

图4-2　IPMS作战团队结构

PCT 项目经理

在IPD作战流里面，主要是PDT经理带领开发团队实现高质量产品的按时交付。而在IPMS作战流里，也需要一个"领头人"，即PCT项目经理。这个角色通常在项目中存在，而非实体行政组织上的岗位。PCT项目经理是项目的总体统筹人，要统筹PCT团队组建，明确项目方向，制订项目目标、项目计划，统筹和分配资源，制定项目总体策略，并做好项目管理，推进项目进展，保障项目落地实施，确保项目成功并对项目的总体结果负责。PCT项目经理既要懂产品，又要懂市场，同时熟悉营销服领域的各个模块；PCT项目经理如同串珍珠的线一样，基于产品操盘项目把各个角色串在一起进行联合协同作战；PCT项目经理的工作具有全域性（涉及面包括营销服、产品与研发、供应链等）和长周期性（产品的从"生"到"死"）。因此，PCT项目经理需要具备的基本能力也比较高，比如市场洞察能力、策略制定能力、经营管理能力、项目管理能力、团队管理能力、数据分析能力等。

在给许多企业辅导的时候，笔者发现很难找到具备这些条件的人。在企业内部能够独当一面、拎得清并且具有统筹管理能力的人并不多，似乎只剩销售负责人符合要求。很多企业为了寻找这样的人才，花了很多精力；并且市场上这样的人才也不多，因此雇佣他们的费用也不便宜，有些企业甚至难以支付。为了解决这个问题，有些企业专门设立了PCT项目经理这个实体岗位角色，也有些企业让相对高阶的主管承担这份工作，有些企业则是由高级GTM来承担，还有的企业是由这个项目组内高阶的GTM经理或者高阶的MKT经理来承担。各个企业各有做法，对这个角色的理解和定位等都有所不同。

GTM 经理

GTM经理这个角色既特殊又重要。首先，这是一个十分专业的角色；其次，在有些企业中，GTM经理同时兼任PCT项目经理，集两个角色于一身；最后，GTM经理也是IPD流程中市场代表的核心成员之一。

GTM经理是端到端产品销售操盘的第一责任主体，其主要职责包括但不限于制定GTM策略及方案、产品生命周期的销售监控与管理等。GTM经理通过"量、价、货、客"的操盘管理实现产品的市场成功，他会从三个层面保障企业战略得到有效执行（如图4-3所示）。

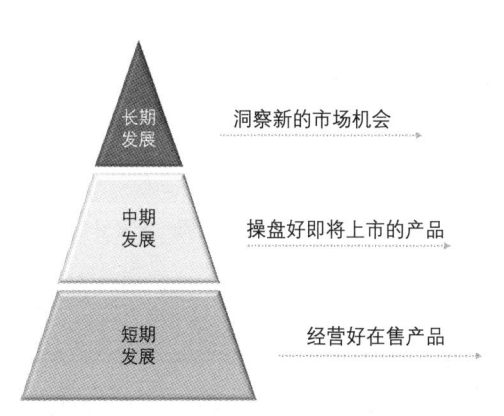

图4-3 GTM经理执行企业战略的金字塔

长期发展　洞察新的市场机会
中期发展　操盘好即将上市的产品
短期发展　经营好在售产品

从企业长远发展的战略层面看，GTM经理需要通过市场洞察、分析与研究，挖掘未来的商业机会；从企业中期的经营和发展来看，GTM经理需要做好即将上市产品的操盘，保障产品上市成功，打造爆款，促进企业商业目标达成；从企业短期的发展来看，GTM经理需要做好在售产品的销售管理，确保产品利润，保障产品销售目标以及企业经营目的达成。

除了专业职责，GTM经理还承担了其他一些综合性的工作职责，比如前面提到的PCT项目经理以及IPD流程中市场代表的职责等，当然，不同企业中的情况有所不同。

GTM经理承担着如此多的职责，因此企业对其能力要求也比较高。首先是对其领域涉及的专业能力要求高，其次还要求有较高的跨专业领域认知等。因为GTM经理有时还要承担PCT项目经理的角色，所以必须清楚各领域的专业内容，才能从整体上把控操盘策略，保障方案的可行性和有效性。GTM经理是一个对综合素质要求非常高的岗位，需要既懂产品，对产品有热情；又懂市场，有市场远见。通常可以根据GTM经理的业务能力水平，将其划分为以下四种类型（如图4-4所示）。这四种类型的GTM经理，显示了其综合能力水平的从低到高。一般情况下，企业需要根据GTM经理的类型安排具体工作。

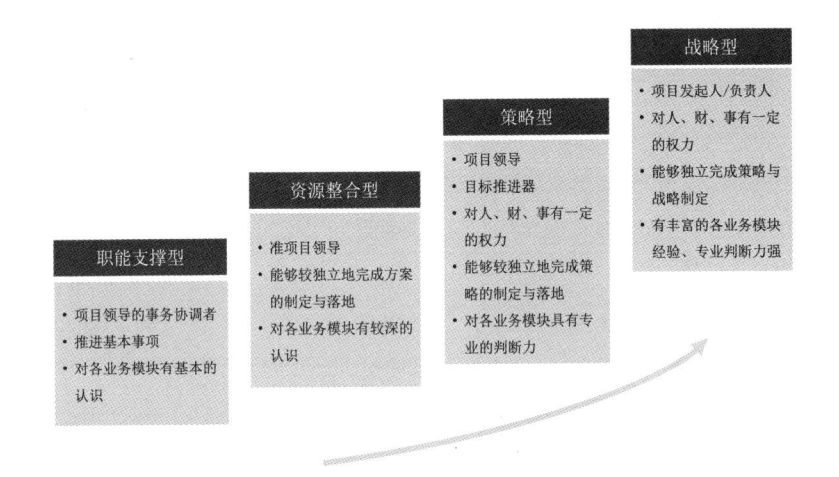

图4-4 基于业务能力水平的素质模型

职能支撑型
- 项目领导的事务协调者
- 推进基本事项
- 对各业务模块有基本的认识

资源整合型
- 准项目领导
- 能够较独立地完成方案的制定与落地
- 对各业务模块有较深的认识

策略型
- 项目领导
- 目标推进器
- 对人、财、事有一定的权力
- 能够较独立地完成策略的制定与落地
- 对各业务模块具有专业的判断力

战略型
- 项目发起人/负责人
- 对人、财、事有一定的权力
- 能够独立完成策略与战略制定
- 有丰富的各业务模块经验、专业判断力强

GTM经理是产品操盘的第一责任主体,也是产品经营的责任主体之一,承担着如销量、收入、利润、利润率等关键经营指标的考核。同时,GTM经理还要对项目交付完成率、项目交付及时率、交付合格率、重点市场满足度等项目类的考核指标负责。不同企业在不同发展时期会选取不同的指标进行考核,比如还有进销存类的指标、风险指标等。

MKT 经理

企业为什么要做营销?是为了让消费者认可企业所提供的产

品或服务。营销的目标分为短期目标和中长期目标,其中短期目标主要是促进销售目标达成,中长期目标主要是促进品牌资产的增长。品牌资产的增长反过来也会促进销售的增长,同时还会提升品牌溢价、利润、市场份额等。因此,做好营销非常关键。营销一般可分为品牌营销和产品营销,本书主要讲结合产品操盘开展的营销,我们称为"广义的产品营销"。当然,也存在品牌营销与产品营销结合的方式,即企业为了产品操盘,和品牌合作一些与产品调性和特质相关的营销活动等。营销的重要性不言而喻,MKT经理也因此格外重要。

MKT经理在产品操盘项目中承担MKT模块的职责,负责制定MKT模块的目标、工作计划、传播策略及方案,并负责落地实施,确保营销效果的达成。MKT经理需要几个非常重要的能力:第一,产品理解力,MKT经理要能够理解产品的特性和定位,基于此更好地进行产品营销包装,挖掘产品的价值利益点,使消费者更容易接受产品;第二,消费者洞察能力,MKT经理要深入了解消费者需求,清楚目标人群,使营销传播有的放矢;第三,营销策划能力,MKT经理要基于对产品和消费的理解、洞察与分析,策划出更加贴合消费者,以及更能呈现产品利益价值的营销方案,提升营销效果,促使营销目标达成;第四,数据分析能力,MKT

经理要了解消费者，更好地分配营销资源，使营销更加精准，这些都需要进行数据分析与研究；第五，项目管理能力。

以上是基于一般企业通用的职责和笔者在各企业的实际案例应用中归纳得出的对MKT经理的能力要求，不同企业在不同阶段的要求会有所不同，只要适合自己就可以。

渠道经理

除了品牌方直营的平台或门店，其他销售平台或门店都需要通过渠道打通。渠道是货物流转、分配和销售的重要通道，构建强有力的渠道网络是企业销售成功的重要保障。前文提到过去市场经历过"渠道为王"的卖方市场时代，虽然现在是价值导向、价值共创的买方市场时代，但是渠道仍然不可或缺。在产品销售操盘过程中，如何选择渠道、如何布局产品、如何分配任务目标、不同渠道如何进行利润空间分配等一系列工作都需要有角色来承担，这个角色就是渠道经理。

渠道经理的主要职责有：（1）开展产品拓展工作，参与制定PCT项目的渠道策略，包括渠道选择、渠道销售目标制定及分解、渠道覆盖计划等;(2)策划联合营销活动、规划营销资源投入等;(3)制定渠道政策,获取渠道资源等,支撑渠道落地上市操盘方案,保障产品顺利开售;(4)监控渠道销售情况,分析和研究销售及渠道市场信息,及时调整渠道销售策略,保障渠道目标达成;(5)评价与管理代理商等。

在实际工作中,不同企业对渠道经理的职责划分不一样,具体要根据企业的商业模式进行分析。另外,渠道的一些工作也由区域、国家或地区承接,比如根据地方性的政策举办的活动等。

零售经理

本书所说的零售指将产品直接销售给最终消费者的商业活动,是产品从流通领域进入消费领域,也就是产品从门店到消费者的过程。在这个过程中,零售涉及的内容有很多,因此零售经理的职责也非常多。主要有:(1)制定零售策略及方案,并与MKT等领域同步,确认零售沟通信息及内容。基于企业总体策略,制定零售总体策略和方案,并统筹零售团队制定落地方案、制作零售素材、开展零售推广活动等。(2)统筹管理零售团队项目。零售业务分为活动、物料、培训等模块,因此零售团队中会有很多分支团队。零售经理作为领导者,是零售项目对外的统一出口,负责组建零售团队,制订零售项目计划,监控与管理项目进度,进行风险管理,并组织零售项目的复盘和总结,确保项目顺利开展并取得良好的效果。(3)统筹零售资源的分配和使用。零售经理要负责零售领域的预算规划、预算执行与监控,以及零售效率管理,保障资源投入产出比。

GTM经理、MKT经理、渠道经理、零售经理是企业中的团队核心成员,通常被称为"四大金刚"。企业也重点聚焦于打造以"四大金刚"为核心的产品操盘"铁军",通过"四大金刚"充分带领和发挥所有成员的作用,使团队的业绩得以快速增长,实现团队目标。"四大金刚"需具备领导者的基本素质和能力,不仅要懂得团队发展规划,还要参与团队目标的制定与实施,了解团队发展方向,这也是保障企业战略落地实施的核心能力之一。

在笔者辅导过的一些企业中,渠道和零售业务是结合在一起的;还有一些企业甚至没有渠道或者零售部门,特别是完全代理制的企业。不同企业的运营模式有所不同,因此会产生很多其他角色。比如某快消企业设有"品牌经理",但这一角色对于个人电子产品制造企业或者技术密集型产品来说不一定适合,这也是企业经过一番研究后,最终选择引入GTM(后升级为IPMS)的原因。

要构建一个完善并且具备相应能力的团队并非一朝一夕的事。因此,在长期的发展过程中,企业要注重人才的储备与培养。

人才梯队打造

许多企业引入IPMS后,发现很难找到合适的GTM经理或项目经理,企业内部人员能力断层,除了中高层管理人员,很难有人胜任这些岗位,特别是一些中小型的企业。导致这一问题的主要原因有:第一,企业比较年轻,规模不大,人力储备比较薄弱;第二,企业人力资源紧张,基本上是"一个萝卜一个坑",甚至"一个萝卜好几个坑",在这种情况下,员工工作负荷过大,如果激励机制不完善,员工的稳定性可能会比较差,难以留住人才;第三,企业内部的员工培养机制不完善,难以提升员工的能力,或者员工的职业发展通道不明确,员工缺乏成就感和归属感,导致有能力的员工纷纷离职。

基于这些问题,企业该如何建设人才资源呢?这就需要企业打造一个可持续发展的"人才梯队"。企业内部之所以人才辈出,是长期坚持多梯队、多层次培养的结果。不是每个企业都能够一步登天，大部分企业都是在发展中不断积累和沉淀，最终打造出了一支"强壮"的队伍。打造企业的人才梯队，可以从以下几个方面入手：

第一，明确岗位定位与发展。在给企业做辅导的时候，笔者发现员工经常抱怨岗位职责不清晰，对自己的发展方向感到很困惑。同时，工作职责变化频繁，比如换一个领导，工作开展思路甚至员工的岗位职责就都发生了变化。这是导致员工稳定性差的一个主要原因。团队要变得"强壮"，首先要解决人员稳定性的问题，明确岗位定位和职业发展通道非常重要。因此，在进行IPMS辅导的时候，笔者首先会梳理业务岗位职责，解决掉组织层面的障碍，然后在这个基础上进行详细的作业内容设计。

第二，任职资格与人岗匹配。即明确各个岗位的任职要求，对员工进行专业能力评定，不同级别的岗位对技能的要求有所不同。比如应届生进入企业一年左右可以申请一级岗位，一级岗位只需要有基本的工作技能。岗位数字越大，级别越高，一般五级为最高级。当然也有些企业分得更细，有七级岗位。企业要基于任职能力和岗位要求筛选员工，坚持人岗匹配，合理用人。人岗匹配有一个前提就是务必明确岗位定位，即确定每一个岗位所在的最小作战单元（而不是某个人）的岗位职责，这样即使人员变更也不会影响岗位本身职责。

第三，合理的人员配置。基于经营目标，企业往往会严格控制人力成本，导致项目中的人员配备捉襟见肘；一个人可能参与了好几个项目，超负荷运转，这种运行模式很不健康。每个项目都要合理配备人员，实行新老搭配，让新员工在项目中充当助理角色，承担比较基本的工作，为后续储备干部的选拔打好基础。

第四，构建多维度的人才培养模式。打造可持续发展的人才培养模式，确保组织内部有足够的人员能够交接，这也是人才梯队建设的重点。

当然，要做好人才梯队的建设，只做到上述内容是不够的，人才梯队建设是一个系统性的工作，需要其他方面同步跟进，企业要结合自身情况设计相应的方案，以保证良好的效果。

不管是团队构成与角色定位，还是打造人才梯队，都是在构建团队运作和培养模式，这是一种从组织的角度驱动员工进行自我提升的重要方式。

第二节　团队管理

即使企业拥有优质的产品,制定了正确的策略,产品最终能否顺利走向市场,策略能否得以顺利地实施,关键在于IPMS队伍的管理。在营销服体系中,人是核心力量。建立一支能征善战的队伍,并对其实施有效的管理,是在激烈的市场竞争中立于不败之地的根本。

前文讲了团队的组建,那么在组建好团队后,企业该如何管理好团队,让团队更好地运作,发挥应有的作用?在此我们先对几个关键内容进行解读。另外,由于PCT项目团队是一个复合型的跨领域、跨部门团队,涉及多个角色,所以下文统称PCT项目经理、专业职能主管、PCT项目组的上层管理者等为"团队管理者"。

目标管理

团队目标是全体成员奋斗的方向和动力,也是感召全体成员精诚合作的一面旗帜。有效的目标管理可以帮助团队成员明确工作目标，提高工作效率，并确保团队目标的实现。同时，目标管理可以促使团队成员进行自我管理、自我控制，让他们从被动、消极的状态转变为主动自发、自主自控的状态。目标管理是项目成功的基础。它包括目标的制定与分解、确定目标优先级、制订行动计划和分配任务、监控与跟进进展、评估和调整目标、激励和奖励等关键步骤。

目标的制定与分解

团队目标有很多种，包括销量目标、收入目标、利润目标、品牌类目标、风险类目标等。团队管理者需要明确团队目标，包括明确目标的内容、范围、时间表和预期结果等。团队目标应该是具体、可衡量、可达成的，并且与团队的战略目标和价值观一致。

在制定目标时，需要注意以下几个关键事项：

第一，需要对总目标进行分解和细化。目标分解分为几个维度：首先，横向分解，即将目标分解到各模块。比如某团队的年度销售量目标为1000万元，那么团队管理者要将这个目标分解到这一年的几个项目中。比如有A、B、C三个项目，其中A项目为500万元、B项目为300万元、C项目为200万元。其次，纵向分解，即将目标分解到各个层级，比如A项目的目标可以分解到区域1、区域2、区域3三个地方，它们的销售量目标分别是200万元、200万元、100万元；区域目标还要进一步向下一层层分解，最终落到每个一线销售人员身上。这样才能保障最终目标的实现。最后，按时间进度分解，这种分解往往针对的是渐进式的目标，即该目标可以按月或者季度累计，年末时达到最终目标，销售量其实就是渐进式目标。如果企业仅仅制定了一个大目标，而没有对其进行分解和细化，将难以保证目标的实现，并且目标实现的过程也会难以评估。

第二，在制定目标的时候，需要明白哪些是日常目标，哪些是创造性目标，不同的目标采取的策略以及投入的资源有所不同。其中，日常目标包括完成销售目标，把销售预算控制在一定的比例内，不断拓展潜在客户，等等；创造性目标会给团队成员一定的压力，促使他们开拓新的方向，从长远看，会增加未来的业绩。

第三，在制定目标的过程中和签署目标责任状前，团队管理者需要与团队成员进行有效的沟通，确保每个人都理解了目标的重要性。同时，上一层级需要与下一层级进行目标沟通和确认，比如总部和区域、代表处等的沟通。目标沟通应该清晰、明确、及时，可以通过团队会议、个人会议、电子邮件或其他合适的方式进行。有些团队管理者可能认为完成目标是硬性规定，于是只是下达指令，管理方式简单粗暴，这样可能导致目标很难达成。

另外，可以通过这些问题进一步帮助团队制定目标：（1）每一个季度的目标都应服从于年终目标，那么如何将年终目标拆解为季度目标？（2）要达成目标还存在哪些障碍？如何确保目标的达成？（3）企业及其所处的市场有哪些优势和不足？制定哪种目标可以扬长避短？（4）哪些目标是渐进式的？（5）目标是否符合企业整体经营和战略方向？

确定目标优先级

在有多个目标的情况下，团队管理者需要确定目标的优先级，并根据实际情况分配资源。比如某个项目的使命是优先占领市场份额，所以销量目标是主目标，企业不会重点考量盈亏，即销量目标的优先级高于利润目标。优先级高的任务和目标应该得到更多的资源，而优先级较低的任务则可以相应地减少资源投入，这样可以确保团队高效地实现最重要的目标。通常情况下，目标的优先级可以通过目标权重体现，在业界企业中，不同目标所占的考核权重也不一样。企业可以根据不同的重要性和优先级进行资源投入分配。

制订行动计划和分配任务

为了实现目标，团队管理者需要与团队成员一起制订具体的行动计划。行动计划包括具体的任务、责任人、时间表和预期结果。团队管理者要鼓励团队成员提出建议和意见，确保每个人都有参与制订计划的机会，并且清楚自己的责任和期望。在制订行动计划时，需要将任务、时间、资源等安排得当、合理分配。同时，团队管理者还要考虑可能的风险和障碍，并在计划中明确应对措施。详细周全的计划，可以确保团队有序、高效地完成任务。

在制订计划的同时，团队管理者要将计划中的任务分配给合适的团队成员，这是实现团队目标的重要环节。在分配任务时，要考虑每个成员的能力、经验和专长等，以确保任务能够顺利完成。团队管理者还要明确每个成员的责任和权限，以便出现问题时能够及时解决。

监控与跟进进展

监控与跟进项目的进展是确保团队目标实现的重要手段。通过监控进度，管理者可以及时发现和解决潜在的问题，避免问题扩大化。同时，还可以根据实际情况调整工作计划和资源分配，确保团队高效完成任务。

一旦行动计划开始实施，团队管理者需要定期监控和跟进团队的进展，通过定期进展报告、项目会议或一对一会议回顾目标的进展情况，评估进度，并解决遇到的问题，确保团队始终朝着目标前进。在计划实施的过程中，团队管理者应该做到以下几点：（1）关注团队成员的工作质量、进度和问题，并及时采取措施解决潜在的问题或挑战；（2）保持开放的沟通渠道，鼓励团队成员分享想法和意见；（3）团队管理者需要具备一定的灵活性和适应性，协调各个成员的工作，确保团队目标的实现不受阻碍；（4）团队管理者需要展示出决心和信心，激励团队成员追求目标；（5）团队管理者应该关注团队成员的需求和发展，并尽全力提供必要的支持和资源，比如培训、指导、技术支持、发展机会、人力资源和财务支持等，以确保团队成员能够顺利完成工作，提高整个团队的绩效，实现团队目标。

评估和调整目标

团队管理者应该定期评估团队的目标，将实际达成结果与预期结果进行比较，分析产生差异的原因，提出改进措施，并根据实际情况进行调整和修改。这涉及重新评估目标的可行性，调整时间表或范围，或者制定新的目标，等等。在调整目标时，团队管理者需要考虑外部环境的变化和团队内部的情况，以确保团队目标仍然具有可行性和实际意义。团队管理者应该与团队成员一起评估和调整目标，确保目标与团队的整体战略和愿景保持一致。同时，团队管理者还需要与团队成员沟通，让成员了解调整目标的原因和影响，以便更好地应对变化和挑战，并鼓励团队成员提出建议和意见，促进团队不断进步。

激励和奖励

团队管理者应该对团队成员的努力和取得的优秀成果及时表扬和奖励，这样可以帮助团队成员保持前进的动力和积极性，提高团队的凝聚力和效率。

评价与激励机制建设

评价与激励机制是不可或缺的,否则可能造成"吃大锅饭"的局面。例如有些团队成员混一天是一天,认为不完成团队目标没关系,只等着领基本工资。在激烈的市场竞争环境下,如果没有完善的评价和激励机制,将很难激发员工的积极性和主动性,导致企业的核心竞争力缺失,甚至有些成员会成为企业的累赘。

评价与激励的设置跟企业的情况息息相关。合理的评价与激励体系要体现"多劳多得,不劳无获"的原则,企业应实行高收入、高要求、高风险的考核原则。一个好的"能人政策"可以激励和培养出一支能干的销售队伍,并且开拓出一片新的市场。例如华为对销售人员一般使用"目标考核"的方式来体现激励,然后结合其利润情况分配奖金。奖金与绩效挂钩,就会赏罚公平,更好地激励团队成员,让有能力的人脱颖而出,激发大家都往前冲,培养出一支"狼性"十足的团队。

评价与激励机制是IPMS体系能够顺畅运营的基础保障之一,本节仅说明评价与激励机制对于团队管理的重要性,更多详细内容将在第五章中解读。

文化建设

文化建设听起来可能比较抽象，虽不能直接体现在业绩中，却对业绩实现起到了关键作用。很多时候，团队管理者只关注眼前的直接利益，而忽视了团队文化的建设。

一支作战有素的队伍，必然有卓越的团队文化。团队文化建立在企业文化的基础之上，而企业文化则可以铸就价值观。比如华为倡导的"奋斗者精神""以客户为中心"等价值观，通过文化建设激发员工认同感，铸就更强大的凝聚力。近几年，华为处于激烈的市场竞争环境中，而团队成员仍然能够不畏艰难、勇往直前，将奋斗拼搏精神体现得淋漓尽致。同时，华为提倡的"胜则举杯相庆，败则拼死相救""烧不死的鸟是凤凰""板凳要坐十年冷""不让雷锋吃亏"的价值观，得到了员工的认同和接纳，员工将其融入自己的思想和行动，构建了稳定和积极的团队氛围。

良好的团队文化和沟通氛围可以促进团队成员之间的沟通与合作，增进成员之间的信任，鼓励成员之间相互支持，相互学习，共同成长，提高团队的凝聚力，进而提高工作效率，更好地解决问题、实现目标。例如在实际工作中，企业可以有效利用各种研讨会进行头脑风暴，利用集体的力量帮助成员解决问题，让成员感受到来自集体的力量，而不是一个人单打独斗。

在企业文化和团队文化的作用下，团队成员会呈现出团队精神，即为了实现团队的目标而相互协作。团队精神包括团队的凝聚力、合作意识及士气。在笔者辅导过的企业中，大部分企业的员工都可以融洽地相互协作。但是也有一些企业的团队建设比较薄弱，员工之间经常互相推诿、指责，上下游之间的工作交付质量极差，只是为了完成任务，导致工作开展困难，并且效果也不好。

笔者曾与某企业高管在沟通项目落地情况时特别提到团队成员的认知和价值观的问题，那位主管笑着点头说："这个问题确实存在，不过需要点时间来转变。"确实，认知和意识形态的转变不是一两天的事，需要一定的时间，因此企业需要对员工进行持之以恒的引导。

团队精神需要培育。第一，管理者要以身作则，做一个具备极强团队精神的人，成为团队的榜样；第二，在企业培训中要加强团队精神教育；第三，要将团队精神与实际工作相结合。

一个没有团队精神的人难以成为真正的领导人,一支没有团队精神的队伍是经不起考验的队伍。成功的团队具备如下特质:

(1)极强的凝聚力。团队的凝聚力离不开有能力的领导人,成大业者都有一个共同的特点,就是能将员工的心连在一起。员工之所以追随某个领导者,就是希望他能创造一个具有极强凝聚力的环境,创造一个看得见的未来。

(2)极强的合作精神。每个团队中都有能力强和能力弱的人,但是团队成功靠的是成员之间的合作,而非某个能力强的人。比如一个球队中有前锋、中后卫、守门员等,大家只有在足球比赛中各司其职、相互配合,才能取得胜利。个人能力再强,没有队友的相互配合,球队也难以取胜。

(3)组织利益至上。团队的利益重于个人的利益,在团队中,如果人人都想着自己的利益,团队一定会崩溃;而团队没有了,个人利益自然也实现不了。因此在团队行动时,成员应服从大局,以组织利益为上,继而实现团队目标。

(4)以身作则。团队管理者以及团队成员都应具备极强的使命感、责任感，重视自己工作的交付质量，这也是成为高质量团队的保障。

（5）高昂的团队士气。没有士气的团队是缺乏吸引力、凝聚力、战斗力的，士气高昂的团队是达成目标的关键。比如华为在2019年遇到了行业困难，但仍然坚持不懈，始终怀有饱满的士气，经过多年的努力，最终取得了重大突破。正是这种士气开启了企业的新篇章。

第三节　业务能力建设

前文讲述了团队构成及管理,提到了对团队成员的培训和培养,即团队业务能力建设,这也是团队建设中非常重要的一个方面,它包括专业技能、协同技能和综合技能的建设。例如华为对业务能力建设非常重视,通过培训、训战、研讨班、演练班、实战等多种方式对员工进行"多维度+全周期+多种类"的赋能。同时,华为强调"将军是打出来的",通过不断地"赛马"选拔人才。接下来,我们将重点讲述团队成员的业务能力建设,这些内容相对而言比较全面,适用于大中型企业,当然也需要结合各个行业企业的特性进行调整。对于一些小企业来说,可以优先进行"短平快"方面的能力建设,再逐步深化。

树立企业认知,实现价值认同

对于新员工,包括应届毕业生和新社招的人员,企业首先要对他们进行大队培训,其主要目的有:(1)让员工全面了解企业的规范和制度,以便其在日后工作中遵守规定、不触犯企业红线等；（2）让员工了解各类共享中心的行政工作流程，以便其在后续有需求时，知道该找谁协助；（3）初步建立员工对企业文化的认知以及对企业价值观的认同。培训阶段为员工具备符合企业要求的业务能力打下了基础。

对不同来源的员工，大队培训的时间长短有所不同，一般至少持续2周。大队培训也被称为"一营培训"，主要以"授课+研讨+课后作业+考试"结合的方式展开。

一营培训的管理比较严格，员工不能请假，如果需要请假，需要相关部门的人力资源部长同意。培训的风格类似入学前的军训，会分班级，通过设立班主任和班长等角色对员工进行管理。员工每天要早起跑步或者做体操，然后进入紧张的课程培训。在培训课上，老师要布置作业。一营培训的负荷量很大，一是为了在短期内让成员快速掌握与工作相关的内容；二是为了让员工从进入企业开始就感受到紧张的工作氛围，以判断其能否适应。这其实是对新员工的考验，也是为企业筛选人才，确实会有员工培训没几天就因为无法适应而放弃。

做好试岗赋能，实现快速上岗

为了让新入职人员能够快速上岗，华为一般会给新员工开展正式上岗前的"赋能"，也称为"试岗赋能"，一般包括"一营培训""二营培训""三营培训"。其实就是将培训分为三个阶段，层层递进，为新员工适应岗位工作进行相应的能力提升训练。对于应届生和社招人员来说，经历的周期会有所不同。一营培训，主要是针对文化、价值观、规章制度等进行普遍性的赋能。除此之外，还要对新员工进行岗位技能的赋能，这也是二营培训的核心。在对市场领域的人员进行二营培训时，通常会以"站店+市场洞察研究"的方式进行，让员工到一线市场学习，时长1～2个月(不同部门会有所不同)，完成之后再去用人部门的岗位报到，进入三营培训；不过对于有经验的社招人员来说，一般在一营培训结束后，就可以直接进入三营培训。

在三营培训中，企业一般采用"导师制"对新员工进行赋能。新员工报到之后，用人部门会给新员工安排一名"思想导师"。这名导师通常由用人部门中资历比较老、经验丰富的正式员工承担，他熟悉部门业务，并且在专业问题的解决上具有丰富的经验。思想导师实际上就是"师父"，他是新员工的引路人、教练和榜样，指导新员工在岗位开展工作。思想导师一般要担任3～6个月，根据新员工的试用期长短来决定。

新员工刚刚进入部门，一般对实际业务不太了解，可能会无所适从，需要经过较长的时间才能领悟到工作的核心内涵。而部门领导可能没有充足的时间对其进行指导，引入思想导师制度后，思想导师可以制订新员工培养计划，给新员工安排相关工作。对于新员工来说，这是一件非常好的事情，可以用最快的速度了解自己的工作，快速上岗。

在试用期，思想导师需要辅导新员工按照公司相关流程和制度完成基本工作；新员工要在思想导师的辅导下部分或者独立承担某些工作，按要求执行，保质保量地完成交付。在这个阶段，新员工涉及的工作范围会比较广，接触到的相关人员也比较多，可以在这个过程中慢慢了解相关部门，培养自己的协同技能。

思想导师每个月都会和新员工沟通，总结当月的工作情况，给予评价，同时制订下一个月的计划，直到试用期结束。思想导师会协助新员工准备答辩材料，并完成答辩。如果新员工答辩优秀，思想导师还能获得相应的奖励；如果答辩结果不理想，业务部门和人力资源的主管会找新员工沟通，了解具体情况，再确定其能否转正。

思想导师制度其实本质就是"传帮带"，既提升了新员工的入职体验，又增强了新员工的信心和积极性，能够让新员工在试用期内快速掌握岗位的相关业务内容和工作流程，降低了企业用人成本，提升了工作效率。

做好在岗赋能，提升员工的整体业务能力

在岗赋能是培养业务精英的一个重要环节，能给企业带来诸多益处。业务精英的成长与他们所在的平台有直接关系；一个好的平台能够营造良好的成长环境，提供更多锻炼和施展才华的机会。

那么在岗赋能是如何开展的呢？一般情况下，华为会通过"专业技能提升""团队作战技能（含协同技能）提升""综合技能提升"等方面进行人才能力培训。

第一，专业技能提升。指员工在特定领域或行业中（例如GTM、MKT、零售、财务、编程、工业设计等）需要具备的专业知识和技能。比如销售技巧培训主要包括销售前的技巧、与客户的沟通技巧、洞察分析的技巧、产品讲解的技巧、处理客户关系的技巧及交易的技巧等。比如在商品知识的培训方面，如何将产品特性迅速转化成客户关注的价值点，是专业销售人员应该具备的基本素质。

专业技能的提升有助于员工提高工作效率，为企业创造更多价值。专业技能的提升方式主要有：(1)专业知识的培训和研讨，企业可以通过内部案例的分析和研讨、实际项目演练和讲解等方式提升员工的专业能力；(2)让员工参与重点项目，通过实战培养专业技能；(3)让员工通过承担某个专项研究来提升专业技能；(4)让员工通过参与知识与经验总结工作来提升专业技能，比如参与专业领域案例编写、培训课程开发，甚至担任专业领域中某些项目的讲师，等等。这里涉及专业技能知识库的打造，对于新员工来说，有了这样的一个知识库，他就能快速"取经"，降低学习周期，提升工作效率。

第二，团队作战技能提升，包括协同能力、沟通能力、谈判能力、解决问题的能力、项目管理能力等。例如在典型的"矩阵式组织"中,每个员工既在自己的职能组织工作,又在项目中任职,IPMS团队亦是如此。在团队作战时,员工需要与同事合作,共同解决问题,完成任务。企业可以通过两个方面提升员工的团队作战技能:(1)让员工参与到项目中,或者让员工自己带项目,通过亲身实践了解并磨砺团队作战所需的技能。比如对于最基本的协同技能,若员工不能与团队中的其他成员做好协同,将很难完成任务。(2)让员工参与团队作战、项目管理等方面的培训,提升认知。一个人是否具有良好的团队作战能力,除了与他对项目的了解程度相关,最重要的就是他对团队作战的认知是否深入。

笔者曾遇到过这样的情况,某企业中的大部分员工倡导个人英雄主义,各干各的,不愿意与别人协同工作,担心自己的功劳或者业务被人抢走,导致涉及团队的工作很难落地。在市场竞争如此激烈的情况下,很多行业的产品同质化严重,本就给企业带来了巨大的负担,如何在企业运营上助力一把,让企业更具竞争力,就涉及加强企业内部的团队作战能力。降低内耗,提升企业内部协同能力与效率,是提升企业竞争力的重要部分,也是IPMS作战团队所必备的技能。

第三，综合技能提升。通常包括学习技能、创新能力、适应能力、情绪管理能力、领导力等。比如一线作战人员心理素质和潜能的培养：由于一线人员经常要与客户接触，会面对拒绝与挫折，因此，通过培训让一线人员充满自信和保持积极的心态尤为重要。

综合技能的培养可以让员工具备快速学习和适应的能力，以应对新的挑战和机遇。同时，可以让员工在工作中提出新的想法和建议，帮助企业提升竞争优势，推动业务创新。例如华为通常会通过一些高阶的研讨班，比如"战略预备队""国家主管班"等提升即将走向特定岗位的人员的综合技能和素养。

轮岗培养，打造高端复合型人才

轮岗是换岗的一种形式，企业可以通过轮岗打造高端复合型人才。以下是企业常用的培养路线。

第一，新人培养。新员工（一般是应届生）上岗后，首先会在总部以项目助理的身份参与项目，做一些辅助工作，一般为时半年至一年。在这个过程中，员工能够获得以下几个方面的经验和能力的提升：（1）员工全程参与项目，可以熟悉整个项目的开展过程；（2）在工作过程中与各个岗位协作，了解跨职能组织间的工作界面和交付关系，以及对应的对接人，等等，以建立良好的人际关系；（3）在项目执行过程中与区域打交道，了解区域的想法，体会到与区域沟通的难处，有助于后续前往区域工作后，能够理解和支持总部工作的开展。

第二，派遣到一线。新员工在总部实践半年到一年，对总部的工作有所了解后，通常会被派往一线接手专业岗位的工作，新员工一般需要在一线任职三年左右。比如新员工在总部做了一年的助理GTM经理后，可能被派往某个国家的一线市场做GTM经理。

第三，升任高级岗位。新员工在一线历练三年后，根据个人业绩，由个人申请或者组织安排，升任至高级岗位。比如在一线工作后，新员工可能会再次回到总部成为某个项目的GTM经理，也可能转去其他国家做GTM负责人，等等，然后再升任公司在该国的业务总负责人（"国家主管"）、该国所在区域的GTM主管、总部GTM部长、区域总裁等，一层层向上发展。

轮岗培养可以让新员工逐步转变成复合型人才，这也是人才梯队建设中非常关键的环节。

综上所述，建设"多维度+多种类+全周期"的培养平台可以为企业培养高端人才，有利于企业的长远发展。建设这种培养平台需要较大的投入，如果培养的人才流失了，再重新招聘一个同等能力的人成本会更高，对企业来说也是一种损失。因此，企业在筛选培养对象的时候需要特别注意，这也是"培养"会成为一种激励手段的原因之一。

另外，要特别注意，有些企业钟爱课程培训，但这类培训是否有效是个未知数。一些研究数据表明，这类"培训"只有5%的知识能够留存在员工的记忆中，大部分员工在七天后会忘记一半，十五天后基本上都忘了。如果培训的内容不能在两周内形成项目落地实施，那么培训课程的效果几乎等于零。如果想要达到更好的培训效果，笔者建议企业将"训"和"战"相结合，找专业人员进行"陪跑式"赋能，让员工更加深入地学习各种知识，体会到各种技能运用的精髓。

第5章
IPMS之运营保障

第 5 章　IPMS 之运营保障

　　IPMS本身是一套端到端的作战机制，要让这套作战机制运行起来，需要构建许多相应的配套运行保障机制。就如同一条修建好轨道的高铁线路，除了列车，还需要各种控制信息、铁路运营规则、调度规则、应急处理规则、各种事项决策规则等。那么，支撑IPMS正常运行的内容包括哪些？除了前文提到的团队，还有数字化运营体系、考核与激励机制、评审与决策机制等。

第一节　数字化运营体系

我们已经进入了数字化时代，构建数字化运营体系已成为企业发展的必由之路。不过，在实际工作中，许多企业的数字化基础非常薄弱，有的企业只有一些零散的职能模块有数字化平台，但这些平台彼此并没有关联；还有的企业完全没有数字化平台，基本靠手工收集和处理数据。

在制定业务目标、策略和方案的时候，通常需要许多数据，如果数据化建设不健全，业务人员将难以获得相应的数据开展工作。笔者在辅导企业的时候经常听到这样的话："老师，我们没有这方面的数据。"这让笔者感到"巧妇难为无米之炊"。在这种情况下，为了让相关策略更加准确和可靠，笔者通过其他方式协助项目组成员挖掘数据信息，才交付出了高质量的内容。

导致数字化能力薄弱的原因有很多，大多数是因为企业的业务场景不够标准化，最小作战单元、业务作战流和业务规则等经常改变，员工的职责也不清晰。比如华为终端建立IPMS规范了作战流程，统一了语言，做到了标准化交付，逐步建立了各专业模块的数字化系统,比如进销存系统(Purchase Sales Inventory,PSI)、活动管理平台(iMarketing)、企业资源计划(Enterprise Resource Planning,ERP)、管控一体化系统(Management-Control Integration System,MCI)等,同时,将这些系统关联起来,实现了信息互联互通,形成了整体数字化运营体系,有效支撑了企业整体业务的开展。接下来,我们先了解一下数字化运营体系在IPMS中的应用。

数字化运营体系在 IPMS 中的应用

数字化运营体系对IPMS的运作起着重要作用。IPMS在运行过程中,需要进行大量的数据分析,企业需要基于数据分析的结果制定业务目标和策略,同时进行各种营销和销售过程与效果的监控和分析,再基于监控和分析结果调整相关策略等。如果只靠人工,效率会大大降低,并且交付质量也难以保证。接下来,我们先了解一下在IPMS运行过程中,哪些工作需要优先建立数字化运营体系。

第一,市场洞察与分析。在第二章里我们讲过如何进行市场洞察与分析，即通过一些行业数据、用户数据、竞争数据、产品销售数据等分析行业发展趋势、用户特征、竞争格局、市场销售表现等，然后基于分析结果挖掘市场机会点，制定对应的目标和策略。这里涉及较多数据，对数据的整理和分析都需要花费很多时间，因此，企业需要构建完善的数字化平台。

第二，用户调研。在IPMS的业务体系中，许多地方都涉及用户调研。比如在进行产品定义的时候，要基于用户调研，了解用户需求；在调研过程中，要了解用户对产品设计的喜好；在进行营销概念测试时，要通过用户调研了解用户对营销概念的反馈；产品上市后，要了解用户购买产品的原因；等等。用户调研需要数字化的运营体系支持才能够更加完善。

第三，市场销售预测。在第二章中，我们讲到了市场销售目标的预测，它需要多维度、多方面数据的支撑，比如历史销售数据、供应链采购数据、竞争对手的数据、行业报告的数据等，这些都需要相应的数字化运营体系支撑。

第四，销售监控与分析。第三章我们讲过IPMS的生命周期操盘，在操盘过程中，企业需要做好销售监控与分析，根据市场情况实时调整销售策略。这就需要强大的销售系统，这也是数字化运营体系的重要组成部分。

第五，营销效果分析。假如企业做了一场营销推广活动，投入了许多传播费用，就可以通过数字化运营体系分析营销推广的结果，优化传播策略，提升营销推广的投入产出比。

另外，数字化运营体系也可以应用于业务管理，比如（1）用于评估组织绩效的关键绩效指标（Key Performance Indicator，KPI），许多业务的KPI都需要通过数字化运营体系进行统计和分析；（2）用于评估业务作战质量（含效率），通过业务作战数据分析作战的效果和质量，为后续作战提供指导；（3）评估运营管理质量，通过各项业务指标分析企业整体运营管理情况，提升企业运营质量。图5-1就是通过数字指标看业务运营健康度的典型例子。

	项目启动	活动申请	活动执行	活动申付	结项	效果评估
数字化指标		申请合规率 45%	执行符合度 40%	申付完成率 80%	结项周期 60天	费用率 5%
业务效率和风险		·活动申请越级 ·活动拆单 ·预算挪用 ·重复申请 ·……	·申购职责未分离 ·价格不合理 ·合作商选择不合理 ·未申请先执行 ·……	·提前申付 ·拆单申付 ·虚假申付 ·重复申付 ·……	·超长期未结项 ·材料不完整 ·……	·投入产出比 ·收益率 ·……
改进方向		精细化经营管理	完善业务规则	规范业务运作		优化管理系统

图5-1　通过数字指标看业务运营健康度

当然，除了上述应用场景，数字化运营体系在企业中还有非常广泛的应用，在此不一一解读。数字化运营体系不仅对IPMS业务领域有价值，对企业的经营与管理也有巨大的价值。

数字化运营体系在企业经营中的价值

数字化运营体系的建立是企业数字化转型的基础，企业可以利用数字化运营体系将传统经营模式转变为符合数字化时代的新型经营模式。数字化运营体系的建设可以帮助企业提高决策精度和决策效率、优化资源配置和提升效率、提高客户满意度，从而增强企业的竞争力，拓展企业市场，激发企业创新，减少企业风险。

第一，提高决策精度和决策效率。数字化运营体系可以快速帮助企业获得更加全面、准确的数据分析结果，为企业的业务决策提供更加可靠的参考依据。通过数据挖掘与分析，以及分析结果的可视化呈现，企业可以更好、更快地发现市场机会和挑战，制订出更合理的行动计划。比如在制定某个项目的市场目标以及策略的时候，企业需要大量的数据支撑，通过数据分析挖掘出目标市场、目标人群以及合理的价格参考等。另外，数字化运营体系还可以通过智能化决策和数据分析提高企业管理水平和运营能力，使企业管理更加灵活、敏捷。

第二，优化资源配置和提升效率。首先，数字化运营体系可以为企业提供实时数据分析，帮助企业及时发现资源闲置和浪费情况，从而优化资源配置，提高资源利用效率。比如通过数字化运营体系可以分析出有效和无效的市场广告投放，为广告投放的策略制定提供参考依据，提升资源的利用效率。其次，数字化运营体系还可以帮助企业实现流程自动化，整合生产、销售、供应链等多个环节的数字化管理，使企业各部门之间的沟通更加便捷，降低人力、物力、时间成本以及错误率，极大地提高员工的工作效率和企业的运营效率。

第三，提高客户满意度。数字化运营体系可以为客户提供更加便捷和个性化的服务，从而增强客户体验，提高客户满意度。例如通过智能化客服系统，企业可以精准了解客户的需求，快速响应客户的咨询和投诉，提高客户满意度。

第四，拓展企业市场。通过数字化营销和服务，企业可以更好地抓住市场机遇，开拓新的销售渠道，增加销售量和收益。比如企业可以利用社交媒体、电商平台、移动应用等数字化渠道，更加精准地推广产品和服务，吸引更多的消费者。

第五，激发企业创新。数字化运营体系可以帮助企业更好地融合互联网、物联网、人工智能等新技术，实现更加精准、高效的生产和管理。同时，数字化运营体系还可以拓宽企业创新空间，激发企业的创新潜能，推动企业发展。比如数字化运营体系可以帮助企业提升研发水平，降低研发成本，推出创新产品和服务；它还可以帮助企业建立创新型企业文化，激发员工的创新思维，推动企业持续发展。

第六，减少企业风险。通过数字化运营体系，企业可以更好地掌握市场信息和客户需求，及时调整经营策略，降低经营风险；企业还可以通过数字化管理和数据分析，提高运营效率和决策水平,减少管理风险;加强安全保障,有效防范网络攻击和数据泄漏等风险。

那么,如何才能更好地建设高效且能支撑IPMS业务顺利运作的数字化运营体系呢?接下来,我们就该问题进行详细探讨。

数字化运营体系的构建

构建一套完善和高效的数字化运营体系,会遇到许多障碍和困难:它会对现有岗位的职责分工、业务场景划分、作业方式等提出新的要求,这种新要求的落地对企业将是一个较大的挑战,它需要员工在思想和行动上都有所转变;系统的建设往往需要企业投入大量的资金和人力,如果企业没有坚定的信心,中途退出,会造成巨大的浪费;系统的建设不可能一步到位,需要基于新业务的发展不断拓展,这就对系统的架构设计提出了很高的要求,系统的架构要具有可延展性,因此相关设计人员要具有一定的专业性。

企业需要构建完善的业务运作机制,实现管理智能化、风险可控化,控制业务风险,提升经营管理能力和效率,增强企业竞争力，建立整体性的、高效的、完善的数字化运营体系（如图5-2所示）。

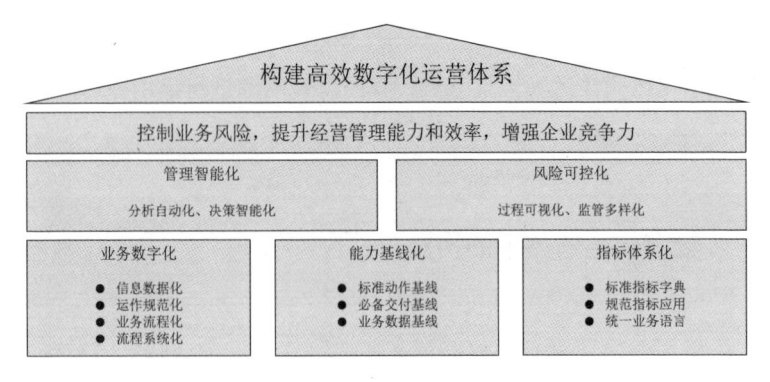

```
                构建高效数字化运营体系
  ┌─────────────────────────────────────────────────┐
  │  控制业务风险，提升经营管理能力和效率，增强企业竞争力  │
  ├──────────────────────┬──────────────────────────┤
  │      管理智能化       │         风险可控化        │
  │   分析自动化、决策智能化 │     过程可视化、监管多样化   │
  ├───────────┬──────────┼──────────────────────────┤
  │  业务数字化  │  能力基线化 │        指标体系化         │
  │ ● 信息数据化 │ ● 标准动作基线│    ● 标准指标字典        │
  │ ● 运作规范化 │ ● 必备交付基线│    ● 规范指标应用        │
  │ ● 业务流程化 │ ● 业务数据基线│    ● 统一业务语言        │
  │ ● 流程系统化 │            │                         │
  └───────────┴──────────┴──────────────────────────┘
```

图5-2　高效数字化运营体系的基础

如何建设完善和高效的数字化运营体系？笔者建议企业要做到以下几点：

第一，实现"标准化"，即基础业务的运作机制标准化，主要包括业务数字化、能力基线化、指标体系化。这些标准化的内容可以帮助企业梳理业务场景，将作业动作标准化，统一语言，规范衡量指标，建立合理的业务作战流，并通过试点运行逐步固化整体运作模式。

第二，实现"自动化"，即基于业务流程搭建业务逻辑和IT应用架构，进行IT系统开发，实现基本业务数据的自动化处理。

第三，实现"可视化"，即将各种业务规则和业务处理原则转化成数字化体系可处理的逻辑，通过数字化体系实现业务数据的智能处理，包括数据分析，基于分析发现问题、机会和挑战，等等，并将结果以可视化的方式呈现出来。比如基于基础数据分析，从业务作战角度、管理者角度等呈现结果，让业务人员和管理人员都能够清晰地知道业务的运行状况，包括IPMS的项目进度、某一个项目上市后的市场表现、销售情况、消费者反映等（如图5-3所示）。

层级	合作伙伴	员工	消费者
数据展示与应用	合同 / 回款 / ……	GTM经理 / MKT经理 / 渠道经理 / 零售经理 / ……	订单 / 支付 / ……

↑ 数据应用

数据处理	经营指标	ROI指标	其他指标

↑ 数据分析

数据来源	内部业务数据	外部数据
	传播数据 / 销售数据 / 服务数据 / ……	第三方报告

图5-3　数字化运营体系的业务逻辑

第四，实现"智能化"。智能化不是简单的数据分析和呈现，它是基于数据分析，实时得出结论，为决策者提供决策方案，供决策者选择或参考。甚至在一些简单的场景下，系统可以实现自己分析、自己决策、自己处理。智能化的系统可以运用业务规则，结合人工智能来实现这些上述动作。

以上就是数字化运营体系建设的要求。建设一套这样的体系，过程是漫长的，企业的管理层对此要有充分的认识，持续投入资源，才可能做好。企业若想满足基本的业务运行，或者想建立初阶数字化运营体系，至少要做到第一点和第二点。数字化运营体系的建设也是IPMS变革需要落地的内容之一。

除了IPMS的数字化运营体系，企业的整体数字化运营体系还包括供应链、研发、财务、人力资源等，因此要建设完善的数字化运营体系，企业要做好充分准备，一步步持续推进变革，最终实现企业的整体数字化转型。

第二节　考核与激励机制

在团队组建与管理的内容中，我们对评价与激励机制作了简要说明。绩效考核是对员工工作结果进行的定量和定性评估，是激发员工潜力的重要手段之一。通过绩效考核，企业可以了解员工的工作表现及个人特征等，及时识别出高潜力和高绩效的员工，以及表现不佳的员工，有针对性地给予员工激励和引导，便于企业人才梯队建设和业务开展。激励机制是激励员工提高工作绩效的方式和手段，可分为正向激励和负向激励，通常情况下以正向激励为主。正向激励包括加薪、升职、临时奖金、奖品、奖状、培训、旅游、参加一些高质量的活动等；负向激励包括通报、扣分、降级等。

考核与激励机制是确保IPMS高效运行的重要保障机制之一。笔者遇到过一些导入IPMS之后很难落地，员工执行的积极性不高、缺乏动力的情况，其中的重要原因就是考核与激励机制没有跟上。IPMS业务体系中的人员来自各个职能部门，每个人都处于矩阵式的业务模式中，每个人都受多个"上司"管理，包括职能部门的直接业务主管、IPMS中的项目经理，以及与自身业务关系密切的其他领域的领导。比如MKT经理，他的上司有MKT部门的主管、IPMS项目经理、产品部门的主管等，他们对团队成员都有相应的职责和任务要求，那么团队成员最终该听谁的指挥？谁会对员工的绩效负责？谁会为员工争取奖励，考虑员工的发展问题？这些都是企业在考核与激励机制中需要面对和解决的问题。

在现代企业管理中，每家企业都有一套员工绩效考核与激励机制，但是当引入了一个新的业务运作机制时，过去所建立的机制可能无法满足新业务的运作需求。大多数企业在引入IPMS之前，绩效考核与激励机制往往都以职能部门的岗位职责为主，而IPMS作战体系已经超越了简单的职能部门运行与管理模式。但在实际工作中，超过部分的职责内容往往会被企业所忽视，有些企业认为这不重要，有些企业认为重要但不紧急，于是一直放着没有及时推动，最后导致IPMS难以落地。

运用绩效考核与激励机制可以提升员工工作的积极性和主动性，为员工提供更多的发展机会和培训资源；同时，对于表现不佳的员工，企业可以进行辅导和培训，帮助员工提高工作能力和业务水平，从而提升企业综合竞争力。在实际工作中，做好绩效考核与激励会面临一些困难和挑战：

首先，绩效评估具有一定的主观性，绩效考核涉及对员工进行主观判断，存在一定的不确定性和个人偏见。如果评价人员不公正，可能导致员工对绩效考核结果产生不满，进而对企业的激励机制产生怀疑。

其次，考核权力的不平衡。IPMS是以项目形式存在的跨组织运作机制，团队成员来自不同的职能部门，这些成员所在的职能部门对他们也有考核要求；并且在大部分企业，员工考核由其直接主管负责，这就导致职能部门主管的话语权高于IPMS项目经理。职能部门主管为了部门目标能够达成，会给员工安排部门的工作，而IPMS项目组也有工作。这时候，员工可能会优先满足部门的需求，忽视项目组的工作，导致项目难以推行。

最后，不同员工有着不同的岗位职责，如何对员工进行针对性的激励是一件非常复杂的事情，需要有轻重之分。如果激励机制过于"一刀切"或缺乏差异化，可能导致员工产生逆反心理和激励失效，甚至导致各种不良结果。

为了应对这些困难，例如华为建立了一套"360°考核+多元化激励"机制，以更好地支撑业务开展，包括IPMS业务体系的运作。其中,"360°考核"指考核内容和目标多维度、考核衡量指标多维度、考核评价人员多维度等;"多元化激励"指通过长期激励和及时性激励组合的方式激发员工的积极性和主动性,提升员工的成就感和信心等。

如何构建完善的考核与激励机制

如何构建一套比较完善的考核与激励机制,更好地支撑IPMS运作,同时兼顾企业原有职能体系的需求?笔者建议从以下几点着手:

第一,将IPMS的项目考核与职能部门的日常考核相结合,把项目目标落实到职能部门以及每个团队成员的考核指标中。这样才能把员工团结在一起,为共同的目标而努力,避免"内部离心力"的产生。

第二,制定360°考核的评价标准。企业要建立相对客观、多维度的评估指标体系,既要包括员工工作目标的达成情况(定量),还要包括员工的其他工作表现(定性),以增强评估结果的客观性和准确性。不同企业的考核标准不一样，目前比较流行的考核方法有KPI和目标与关键成果法（Objectives and Key Results，OKR），方法不分好坏，关键要看是否适合企业。

IPMS在实际运行中，所覆盖的每一个业务领域都有相应的指标。这些指标可分为直接经营性指标和间接经营性指标，也可以分为效果类指标、效率类指标、风险类指标。其中，效果类指标一般用于衡量一项工作的直接结果，比如销售收入、利润、销售量等；效率类指标用于衡量执行过程以及投入产出等，比如活动开展及时率、项目交付完成率、产品上市满足率等；风险类指标用于衡量和识别潜在风险，帮助企业把控经营风险，比如验收合格率、超期未开票率等。企业可以从固定的渠道中获取相应的数据并得出指标数据以支撑考核，这正是数字化体系的好处。

第三，做好360°考核的绩效目标设计。在IPMS团队中，每个员工的绩效目标来源于三个方面：（1）基于部门的绩效目标和部门重点业务事项，企业可以通过目标分解将总目标落实到每个员工身上。（2）基于流程责任，即员工所在岗位对应的业务流程中要求该岗位承担什么责任，比如IPMS流程对每一位PCT团队成员的要求，就是流程对岗位的要求，所以要结合流程责任来定个人绩效目标。只有把业务流程的职责落实到个人身上,流程才能够更好地落地执行。当然,业务流程除了定团队成员的目标,还要与团队成员所在的组织目标相挂钩,这样才能促使该组织的主管更加支持和关注相关业务工作的开展。(3)基于个人能力,能力的提升有利于员工取得好的绩效,企业要基于员工能力设定绩效目标。

企业可以将上述目标融入员工的个人业绩承诺(Personal Business Commitment,PBC)中,图 5-4 为员工 PBC 样例。员工的 PBC 主要包括三部分内容:关键绩效目标、关键任务事项和能力提升计划。其中,关键绩效目标包括组织目标、个人业务目标;关键任务事项包括部门内的项目和跨部门的项目;能力提升计划包括个人能力提升以及组织能力提升。企业对员工进行考核时,不仅会看绩效目标的完成情况,同时也会看关键任务的完成情况,每一部分占一定的权重。只有绩效目标和关键任务都做得好,才会获得好的评价。当然,实际工作中会存在重目标的情况,但这并不影响考评的基本原则,即员工首先要完成目标,即结果要好,这是考评优秀的前提,在此基础上再看关键任务。另外,企业从目标完成优秀的员工当中选择干部时,还要看候选人在目标完成过程中的表现。

第5章 IPMS之运营保障

第一部分：关键绩效目标

序号	分类	考核指标	权重	上半年目标/全年目标			达标值同比增长率	实际完成结果	得分
				底线值（60）	达标值（100）	挑战值（120）			

第二部分：关键任务事项

序号	任务说明	完成时间	衡量标准	辅助部门	目标完成情况	个人自评等级

第三部分：能力提升计划

序号	需要提升的能力	发展/学习活动计划	计划完成时间	目标完成情况及效果	个人自评等级

图5-4　员工个人PBC样例

第四，梳理好360°考核当中的关系，包括直线考核、交叉考核、隔级考核、360°集体评议等。考核要做到"从众不从贤"，保证最大程度的公正客观。在矩阵式的业务模式中，项目经理、职能部门主管和与业务关系密切的其他领域的领导都需要对员工进行考核。一般情况下，项目经理具有考核评议权和否决权，职能部门主管具有考核的决策权，同时，企业要明确各个考核人员的权重，该权重与员工的工作时间有关。比如在IPMS项目中，来自A部门的成员A1承接了IPMS项目中的M1和M2，在考核的时候，M1和M2的项目经理都对A1具有考核评议权和否决权，A1的部门主管S对其具有最终的考核决策权。

在实际工作中，笔者遇到过一些企业导入了 IPMS，但是没有厘清相应的考核关系，最终导致许多工作难以落地的情况。要改变考核关系非一朝一夕的事情，其中涉及人力资源等配套机制的调整，需要企业自上而下地下达指令。一般来说，同一层级的业务部门之间都是平等关系，没有权力去干预彼此业务，这样调整起来就会非常困难。

第五，明确激励标准、激励政策和分配制度。通常情况下，企业会有常规的激励机制。这些激励机制往往具有普适性，缺乏针对性。比如某企业新建立了 GTM 组织，引入了 IPMS 运作体系，但是没有建立相应的激励机制，难以调动员工的积极性。对于项目经理来说，激励是一个很重要的抓手，能够鼓励先进员工，营造良好的团队氛围。因此，企业应该针对不同的业务领域或员工群体，制定个性化的激励政策，并及时进行评估和调整。

笔者曾遇到过一些企业会设立临时性的奖励，包括项目奖、悬赏奖、行业奖等，获得这些奖励的员工同时也可以申报企业的其他奖项，这就是多元化激励机制的设计逻辑。这些奖项分团队奖和个人奖，比如 IPMS 项目组里面的代表来自各个职能模块，他们在各自的职能模块内又有小团队，因此企业在设立奖项的时候，需要明确激励的范围等。

第六，明确考核等级与考核结果应用。IPMS项目中的个人考核结果应用可分为两种，一种是作为员工半年度或者年度考核评价的参考，属于长期评价体系，会影响员工的调薪、年度奖金、股权激励、升职、调岗等；另一种是作为及时激励的参考依据，比如临时性的奖励，包括项目奖、悬赏奖、行业奖等。

企业可以通过绩效等级及定义（如表5-1所示）进行长期绩效考核，并将这种方式纳入整体考核机制。在项目团队内部，项目经理会对每个团队成员进行临时性考核评价，并依据评价结果给予对应的临时激励。

对绩效等级进行定义，是为了用一个更清晰的标尺判断考核结果，如果对员工的考核评价只是机械的分数，员工可能难以理解分数背后的含义，达不到绩效评价的目的。比如绩效等级A代表着杰出贡献者，说明员工表现明显超出了组织的期望，员工可以作为部门的绩效标杆等。

表5-1 绩效等级及定义

绩效等级	定义	描述
A	杰出贡献者	各方面的实际绩效均显著超出所在层级组织的计划目标或岗位的期望值,取得了杰出的成果,是团队的绩效标杆。
B+	优秀贡献者	实际绩效达到并经常超出组织的期望。
B	扎实贡献者	实际绩效能够达到或部分超出组织的期望。
C	较低贡献者	实际绩效基本达到组织分配的任务和目标,无明显失误。
D	不可接受	大部分的任务和目标都没有完成,在许多方面或主要方面存在明显的不足或失误。

第七,明确考核周期和考核流程。一般情况下,企业有一定的考核周期,比如月度考核、季度考核、半年度考核、年度考核等。企业要根据岗位特点和员工级别设计考核周期,比如要考虑到工作的完成周期、职位的高低、考核成本、工作性质等。假如某岗位的业绩容易统计,那么企业可以适当增加考核的频率。IPMS项目往往跨越了正常的考核周期,因此在实际考核的时候,会以公司年度或半年度考核周期为主,如果考核时IPMS项目未结束,企业一般会考核员工的阶段性成果和在过程中的表现;项目结束时,企业会再次进行考核评价,并将最终的结果作为下一次考核的参考。企业在考核时一般遵从以下程序:

（1）根据企业相关原则，结合团队人员数量和岗位属性确定考核结果的等级分配比例。对于某些需要用强制比例分布的部门和岗位，企业可以根据部门的绩效确定比例分布，比如优秀员工的比例不超过10%，不合格人员的比例不低于5%，等等。

（2）组织员工进行自我评价。员工要根据自己的工作情况和结果进行自我评价，并上传自我评价结果。

（3）周边考核。根据事先设定的"考核关系树"以及对应的权重收集周边考核意见，即关联部门主管的意见。

（4）初评及排序。根据职能部门主管的判断以及周边考核意见进行初评，并在部门内部排序。同时，职能部门主管要与员工做好考评初步沟通工作，与员工沟通自我评价结果，对打分过高或过低的情况进行引导沟通，并针对周边考核的异常反馈，事先与员工核实清楚再进行沟通。

（5）集体评议。团队内部讨论后要在更大的团队里进行集体评议，确保组织对员工的绩效评价公正合理，减少职能部门主管个人主观评价的盲区。

（6）上级审批。评议结果需提交给对应部门的上级审批。

（7）沟通评审结果。在评审结果发布之前，职能部门主管应做好员工沟通工作，向员工反馈其评审结果以及优缺点。

（8）发布评审结果。公示考核结果，让员工清楚自己的绩效等级。为了保护员工的自尊心，可以适当隐藏一部分低绩效员工的结果。

绩效结果评价是最终的环节，旨在公正客观地评价员工所做的贡献，以此给予他们合理的回报。根据绩效结果，企业可以识别和管理高绩效和低绩效员工，从而提升企业整体绩效。企业的绩效管理通常分为四个过程（如图5-5所示）：目标制定、过程辅导、绩效评价与绩效反馈。首先，目标制定指分解部门目标，设定个人绩效目标，沟通签署PBC。目标制定时需遵循三对齐原则：目标对齐（帮助员工聚焦正确的事情）；思路对齐（辅导员工正确做事）；理念对齐（激发员工拥抱挑战）。其次，过程辅导即对员工进行日常辅导、中期盘点回顾、PBC刷新以及关键事件记录。绩效过程辅导是绩效管理中持续时间最长的阶段，也是员工真正产生绩效的阶段，是主管辅导员工达成目标的最重要的方式。绩效评价包括员工自评、周边评价、主管评价、集体评议等,这个阶段最易引发矛盾,需要特别注意,要尽量做到公平公正。绩效反馈即就绩效考核结果与员工进行面对面沟通,内容包括肯定成绩、指出不足及改进措施、共同制定下一步目标等。此时的沟通是双向的,主管应该留出充分的时间让员工发表意见。在此阶段还可以进行绩效投诉申诉等。

绩效管理要基于企业战略目标,尽量做到公平公正,才能促进个人绩效的有效管理。

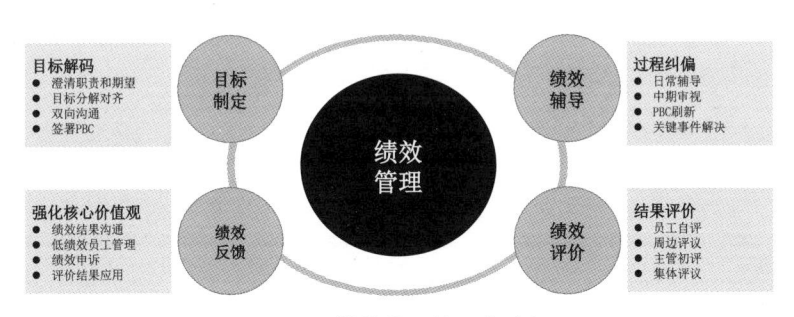

图5-5　绩效管理的四个过程

不同企业的组织架构不一样,业务模式也千差万别,企业需要结合自身情况借鉴行业优秀企业的经验,不断改进和创新,建立适合自己的激励机制，确保激励机制的有效性和正导向性。

考核与激励机制不仅仅是IPMS作战体系的重要保障之一，也是现代企业管理中不可或缺的组成部分。合理运用考核与激励机制，可以促进员工工作积极性和主动性，提高企业的综合竞争力和业绩。

第三节　评审与决策机制

众所周知，无论是企业的管理层面，还是业务运作层面，都会遇到需要评审和决策的事情，这些事情大部分都涉及"三权"的设立和分工，这三权分别是"人事权""事务权""财务权"。在IPMS体系中也有需要评审和决策的事情，同样也涉及这"三权"，其中人事权在"考核与激励机制"中讲过，这一节的重点是讲如何基于事务权和财务权设置评审与决策的机制。事实上，企业主要是从持续健康经营、做正确的事情、降低风险等角度出发设立的事务权和财务权。在实际的业务运作中，财务权和事务权的执行往往是一起的，会有专业的财务人员一起参与评审和决策。

企业经营决策体系中存在的问题

在实际工作中，无论哪种企业，在IPMS体系覆盖的业务的评审与决策方面都可能存在以下问题：

第一，决策主体不明确。经常有员工抱怨，某些事情不知道找谁决策,或者一件事情需要向多个领导汇报,但最后谁也不下定论,导致工作无法开展。

第二,决策层级多、链路长、效率低。有些企业的组织层级很多,为了让每个层级都有把控权,一件事情从下至上需要层层审批,甚至要审八九层。于是一线员工天天催领导审批;领导要么太忙忘记了,要么出差不能审批,影响业务的开展。比如一线某代表处的员工要申请一个营销推广活动,需要层层审批到总部领导那里,当中只要有一级领导驳回,审批又要重来,耗时耗力,严重影响业务开展。

第三,单一决策时最高决策者的工作会成为瓶颈。有些企业中的所有事都要老板决策,导致老板的办公桌上堆满了待签字的文件;即使老板整天都在开会听汇报和评审,也根本忙不过来,员工只能干着急,形成恶性循环。

当然,企业的评审与决策机制没有所谓的对和错,可能是企业在当下所考虑和注重的因素不一样而已。

但是,这些问题的出现很多时候是因为评审与决策机制不够明确,既降低了效率,又影响业务开展。那么,如何设置合理的评审与决策机制,更加高效地保障IPMS有效运行和企业经营健康发展呢?IPMS中就建立了一套分层分级和双线的评审决策机制。

IPMS评审决策机制的核心内容

IPMS的评审决策机制中有两条评审线。第一条是项目操盘线,主要从产品上市销售操盘的大局出发,把控关键点(如前文中讲到的GR点),确保操盘方案和执行计划等落实到位,保障产品成功上市。项目操盘线的评审是整体性的,也称为"作战"评审。第二条是单一专业领域内部的评审,也称"军种"评审,它也有助于产品上市成功,只是这类评审偏向某单一领域内容的专业性、准确性和合理性。这就是IPMS评审与决策机制的**"双线评审"**。

IPMS的评审决策机制是管理层面上的重要机制。一套完善的评审决策机制是确保项目在经营层面的决策更加科学、合理和有效的基石。IPMS的评审决策机制主要包括:评审层级与评审内容、评审组织与评审成员、评审标准与规范、评审流程。

第一，评审层级与评审内容。指评审需要分为若干层次，每个层级有不同的评审内容。一般情况下，IPMS的操盘评审分为三个层级，分别是公司操盘委员会评审、IPMS管理团队评审、项目组评审，其中一级为最高级（如表5-2所示）。

表5-2 IPMS的项目评审层级与评审内容

层级	层级名称	评审内容
一级	公司操盘委员会评审	解决跨领域资源协调及跨领域问题，决策超重大事项。
二级	IPMS管理团队评审	决策IPMS项目方向及策略等； 协调营&销内部跨职能部门资源，决策重大事项。
三级	项目组评审	评审日常项目事务及内容。

除此之外，IPMS的专业线评审层级有2～3层，不同企业会从业务效率和业务运作模式的角度出发设置对应的专业评审组织。

第二，评审组织与评审成员。指由什么样的组织进行评审，以及这些组织中的评审成员有哪些。除了项目组外，评审组织可以由委员会等组成。这些委员会通常是由多个相关岗位成员组成的虚拟组织，并不存在于公司的实体组织架构，公司操盘委员会和IPMS管理团队都是如此。评审成员一般是在评审组织设立时明确的，可以分为核心成员（具有表决权）、拓展成员（具有评议权）及列席人员等（如表5-3所示）。

表5-3 评审组织与评审成员

评审组织	评审成员（举例）
公司操盘委员会	主任：CEO 核心成员：各领域副总裁
IPMS管理团队	主任：营销服副总裁 核心成员：核心业务团队负责人 拓展成员：业务骨干 列席人员：项目团队成员

第三，评审标准与规范。指在评审相应的内容时，需要根据一定的标准和指标进行评估和判断，确保评审的客观性、合理性和有效性。并且，企业要有明确的规范约束评委的行为。这里的评审标准和规范分两类，即对项目整体内容的评审和对专业领域内容的评审。有些领域的交付内容比较多，涉及面比较广，企业需要更加细致的评审规范，并明确各个层级的评审职责。

在实际工作中，员工对具体事项的评审和决策权更加关注。但凡业务执行层面对一些细节没有考虑到，导致员工遇到困难，可能就会被员工抱怨相关职责不清晰。

第四，评审流程。指在决策过程中，需要经过一系列的流程，确保决策的科学性和合理性，图5-6为评审工作的总体步骤。有些企业的评审流程非常严格，每个决策都需要经过多轮评审和讨论，以确保决策的全面性和准确性。不过，在现实工作中，也有一些企业就算有评审层级、评审组织、评审人员、评审标准和规范，在实际评审的时候，可能还是一把手说了算，特别是中小企业，这跟评审的表决机制和评审的运作相关。因此，企业在设计评审流程和进行评审时需要注意以下几点：

确定评审议题和时间 → 收集评审材料和预审 → 组织正式评审 → 发布评审结论 → 跟进实施

图5-6 评审工作的总体步骤

（1）明确表决机制。即明确哪些人具有决策权以及行使决策权的方式，比如在评审表决时按照"少数服从多数""委员会主任具有一票否决权，但没有一票同意权"等相比比较客观的集体决策方式。有些企业可能采用讨论表决方式，最终由级别最高的领导决策。表决机制没有对与错，重要的是是否符合企业本身的情况。

（2）把控评审内容的质量。企业要事先把控评审内容，确保交付质量、评审质量和评审效率。笔者经常遇到评审会议变成讨论会议，最终议而不决，业务人员干着急的情况。这种情况非常低效，同时又影响了业务的开展，甚至会导致企业错过最好的作战时机。

（3）合理安排议题和把控会议时间。议题的编排涉及一些分时间段参与的人员安排，以及对保密信息的保护。同时，企业要合理把控会议时间，避免因严重超时导致会议效率和质量低下。

（4）明确会议规范，包括会议纪律和缺席代表的委派等，避免因缺人等影响会议。比如有些关键人员不重视会议纪律，无故缺席，既影响了业务决策，又影响了其他人工作。

（5）安排好会议组织者。企业应安排相对比较客观和专业的人员组织评审会议。首先该人员能够初步把控内容，并将其提交给主管进行内容预审，事先筛选材料；其次在做会议记录和决议记录时，他能够比较客观、顶住压力，坚持按照评审机制的相关原则执行，确保评议决策结果的公信力。

IPMS 评审决策机制是"双线评审",它涉及了"权力"分配,因此必然存在一些平衡和妥协,只是不同企业的原则不同。评审与决策机制既要兼顾不同层级的职责、价值和所涉及的角色,又要兼顾业务效率、风险控制等。一套完善的评审与决策机制的最高境界就是"既兼顾了权力分配,又兼顾了效率"。

任何一套评审与决策机制都不可能完全照抄照搬相关模板,每个企业都有自己的文化、业务模式、组织架构等,这些都会影响评审与决策机制的设置,特别是与强业务作战相关的评审决策机制。但这套机制对于 IPMS 的高效运作起着非常重要的作用。企业应该有针对性地去设计和落实,确保实际业务能够顺利正常地开展,为公司的健康经营保驾护航。

后记
Postscript

完成本书之后,我感到无比欣慰。在本书的撰写过程中,我尝试对自己所掌握的知识和经验进行系统的整理和表达,期待能够为读者带来启示和帮助。

在实际工作中,我遇到了许多学习和导入 IPMS 的企业,为了让大家能够更好地理解和顺利导入 IPMS,我想分享一些个人感想。

(1)转变思想。IPMS 变革必然会导致企业过往运作模式的改变,可能会给某些职能模块带来调整和新的挑战，各职能模块的业务人员要用宽广的胸怀接纳转变，因为只有转变才能给企业和自己带来更好的未来。业务人员要配合变革的落地执行工作，不要只用旧思维思考和评判，一旦出现问题，就认为是 IPMS 不完善导致的，更不要固守自己的"老地盘"，怕被别人抢走。业务人员要拥抱变革，在落地执行时"先固化、后优化"，从变革中找到自己的机会点，促进变革成功。同时，变革要求管理者能够管好人和事，从人性的角度出发，了解人、引导人、激发人、满足人，帮助员工实现自我价值。

（2）结合实际。不同企业的 IPMS 各有差异，没有所谓的对和错，在学习优秀企业的 IPMS 时，不能生搬硬套，而是要基于自身企业的实际情况进行定制化适配。当然，适配不可能一步到位，也不可能一开始就很完美，需要在实践过程中不断优化升级。企业的管理方式没有好与坏，只有合适与否。IPMS 的导入也是如此，它必须与企业的发展阶段相适应，为企业的发展服务。

（3）持之以恒。导入 IPMS 需要做好持久战的心理准备，它的效果不会立竿见影，一下子就让业绩飞速增长。建设 IPMS 的目的是构建一套可复制的作战模式和在激烈竞争的市场环境中随机应变的能力，在多个团队甚至多条产品线中贯彻，最终保障企业的成功。IPMS 在具体业务中的价值体现在可以促使一系列产品在市场上的成功，促使一个品类的产品在市场上的成功，再促使全品类的产品在市场上的持续成功。因此，企业在导入 IPMS 之前一定要明白一个道理：IPMS 的构建早期是以"道"为主的，不断深入后，才会具体到各种战术和战法，所以要避免走入 IPMS 建设的认知误区，本书第一章已经深入阐明了这一点。

"道"建好以后，还要通过实践不断完善这道路上的辅助设施，比如各种业务规则。企业的业务规则涉及面很广、很深、很细，需要专业人员花时间建设，这也是我在许多企业进行深入辅导时花费时间较长的主要原因。IPMS 体系的导入没有终点，只有通过不断实践和探索，才能真正掌握它的精髓，业界优秀企业（如华为终端等）也走在不断优化升级的路上。

（4）引入专业的人。在导入 IPMS 时，企业一定要找亲身经历过的人参与或者辅导，辅导人员的专业性非常重要，否则可能会使企业走许多弯路，不仅浪费时间，甚至还可能走错方向。每个企业的业务模式和范围都不一样，业务场景也有所差异，致使作战的标准动作和节奏等都会不同。正如第四章中提过的某行业的头部企业，曾经找了一些人辅导 IPMS 的建设，但可能没有找对人，最终发现设计出来的业务逻辑存在很多问题，在执行时出现很多困难，导致最终难以落地。后来，该企业找了我重新改造和优化，但是此时改造难度更大。因为企业中的很多员工有了一次失败的经历后，会对 IPMS 产生抵触心理，这也使新的变革之路更加艰难。这就是为什么企业在第一次导入 IPMS 时就要尽可能地走对方向，具体内容不一定做完，但是业务逻辑和方向一定要对。

IPMS 的建设并不是照葫芦画瓢，有了动作清单、流程图、流程架构就可以了，关键在于在专业领域的落地和执行，动作清单等只是工具，更关键的是要懂得如何使用。当然，工具本身的质量（如正确性、适用性等）也非常重要，但如何保证工具是对的？这就需要专业的人进行辅导。我们也不要认为模板或者交付件越多越好，对企业来说，很多东西不一定有价值，或许还会增加员工的工作负担。只有真正懂业务和做过业务的人才知道 IPMS 背后的精髓和设计逻辑，才能更好地为企业建立 IPMS，并指导业务人员开展工作，使 IPMS 陪跑工作落地。

（5）做好统一性。企业管理不能头痛医头，脚痛医脚，否则管理者就会成为救火队长，忙前忙后，结果却捡了芝麻丢了西瓜。

企业需要站在整体的角度进行全盘设计和规划。我曾经遇到过一个有国内和国外市场的公司：两个市场的整体业务是一样的，只是分两拨人在做，业务上也不融洽，并且不同的市场团队都在导入 IPMS，但是做出来的东西天差地别，最终导入的效果也不好。对企业来说，这就是一种损失。

随着社会和科技的不断发展，市场领域也将迎来更多的机遇和挑战。未来，我将继续关注市场领域的管理知识和理论的发展动态，不断学习和探索新的方法。同时，我也希望通过自己的实践和经验，为市场领域的发展作出贡献。

在撰写本书的过程中，我尽可能地避免错误和遗漏，但由于时间和篇幅的限制，仍存在不足之处。为了方便与读者交流和互动，最后附上我的联系方式：HRZX2022@sina.com。欢迎广大读者朋友随时联系我，讲述自己的阅读体会，包括且不限于观点、意见或建议，以及实践经验。同时，在此向所有曾经和一直以来都关心、支持、帮助我的企事业单位、个人等表示衷心的感谢！

声　明

　　本书所选取的内容来自笔者在个人职业经历中的所见所闻和所做内容，并非针对任何机构(含企事业单位、各种组织等)和个人，所有内容仅作为笔者自己研究和探索的素材，供读者借鉴参考，不可作为除笔者之外的其他任何机构或个人的法律佐证。

图书在版编目（CIP）数据

华为ToC销售法 ： IPMS爆品打造体系 ／ 胡宇晨著
.-- 杭州 ： 浙江大学出版社，2024.7
　　ISBN 978-7-308-24947-8

　　Ⅰ．①华… Ⅱ．①胡… Ⅲ．①通信企业－企业管理－营销管理－经验－深圳 Ⅳ．①F632.765.3

中国国家版本馆CIP数据核字(2024)第094116号

华为ToC销售法：IPMS爆品打造体系
胡宇晨　著

策　　划	杭州蓝狮子文化创意股份有限公司
责任编辑	卢　川
责任校对	朱卓娜
责任印制	范洪法
出版发行	浙江大学出版社
	（杭州市天目山路148号　邮政编码　310007）
	（网址：http://www.zjupress.com）
排　　版	杭州林智广告有限公司
印　　刷	杭州钱江彩色印务有限公司
开　　本	880mm×1230mm　1/32
印　　张	7.625
字　　数	137千
版 印 次	2024年7月第1版　2024年7月第1次印刷
书　　号	ISBN 978-7-308-24947-8
定　　价	65.00元

版权所有　侵权必究　印装差错　负责调换

浙江大学出版社市场运营中心联系方式：0571-88925591；http：//zjdxcbs.tmall.com